Susanne Geiger / Anneli Billina

Deutsch üben

Wortschatz & Grammatik C2

Hueber Verlag

Quellenverzeichnis:
Cover und Rücktitel: © Getty Images/iStock/Prostock-Studio
Illustrationen: Irmtraud Guhe, München

5. 4. 3. | Die letzten Ziffern
2029 28 27 26 25 | bezeichnen Zahl und Jahr des Druckes.
Alle Drucke dieser Auflage können, da unverändert, nebeneinander benutzt werden.
1. Auflage

Umschlaggestaltung: Sieveking Agentur, München
Layout und Satz: Sieveking Agentur, München
Verlagsredaktion: Sonja Ott-Dörfer, Hueber Verlag, München
GPSR-Kontakt: Hueber Verlag GmbH & Co. KG, Baubergerstraße 30, 80992 München, kundenservice@hueber.de
Druck und Bindung: Friedrich Pustet GmbH & Co. KG, Gutenbergstraße 8, 93051 Regensburg, technik@pustet.de
Printed in Germany
ISBN 978–3–19–827493–4

Art. 530_27518_001_03

Inhalt

Vorwort

Liebe Lernerinnen, liebe Lerner,

Deutsch üben Wortschatz & Grammatik C2 ist ein Übungsbuch für weit fortgeschrittene Deutschlernende mit sehr guten Vorkenntnissen auf dem Niveau C1 zum selbstständigen Üben und Wiederholen.

Es eignet sich zur Vorbereitung auf einen Studien- oder Arbeitsaufenthalt in deutschsprachigen Ländern und zur Aufrechterhaltung und Vertiefung vorhandener Sprachkenntnisse. Mit Wortschatz & Grammatik C2 können Sie Kurspausen überbrücken oder sich auf die Prüfungen der Niveaustufe C2 des *Gemeinsamen Europäischen Referenzrahmens* vorbereiten.

Deutsch üben Wortschatz & Grammatik C2 orientiert sich an den gängigen C2-Prüfungsinhalten. Die abwechslungsreichen Wortschatz- und Grammatikübungen gehen auf gesellschaftlich relevante Themenbereiche ein und behandeln diese auf dem Niveau C2.

In *Deutsch üben* Wortschatz & Grammatik C2 finden Sie:
- vielfältige Übungen zu Wortschatz und Grammatik,
- authentische Situationen mit Textsorten aus dem Alltags- und Arbeitsleben,
- zahlreiche Grammatik- und Wortschatz-Tipps,
- viele auflockernde Illustrationen und
- einen übersichtlichen Lösungsteil zur Selbstkontrolle.

Viel Erfolg mit *Deutsch üben* Wortschatz & Grammatik C2 !
Autorinnen und Verlag

Abkürzungen:

Pl.	Plural	*etw.*	etwas
Komp.	Komparativ	*jdm*	jemandem
Superl.	Superlativ	*jdn*	jemanden
Akk.	Akkusativ	*ndt.*	norddeutsch
Dat.	Dativ	*sddt.*	süddeutsch
Gen.	Genitiv	*engl.*	englisch
Präp.	Präposition	*franz.*	französisch
pej.	pejorativ, abwertend	*griech.*	griechisch
ugs.	umgangssprachlich	*lat.*	lateinisch

Teil 1 Wortschatz

A

A Mensch und Tier

A1 A wie *aufgeschlossen*, B wie … – Charaktereigenschaften

Ergänzen Sie bei den Adjektiven die fehlenden Vokale. Welche Charaktereigenschaften sind eher positiv oder neutral, welche eher negativ? Kreuzen Sie an.

Adjektiv	+	–	Adjektiv	+	–
a) *a* *u*fg*e*schl*o*ss*e*n	⊗	○	m) m_tt_ _ls_m	○	○
b) b_ss_rw_ss_r_sch	○	○	n) n_chs_cht_g	○	○
c) ch_rm_nt	○	○	o) _b_rfl_chl_ch	○	○
d) d_skr_t	○	○	p) pfl_chtb_w_sst	○	○
e) _rb_rm_ngsl_s	○	○	r) r_chth_b_r_sch	○	○
f) f_rs_rgl_ch	○	○	s) st_rrs_nn_g	○	○
g) g_w_ss_nh_ft	○	○	t) tr_g_	○	○
h) h_ _sl_ch	○	○	u) un_ _genn_tz_g	○	○
i) _d_ _l_st_sch	○	○	ü) _b_rh_bl_ch	○	○
j) jähz_rn_g	○	○	v) v_rtr_ _ _nsw_rd_g	○	○
k) kl_ _nl_ch	○	○	w) w_rmh_rz_g	○	○
l) l_ _n_sch	○	○	z) z_ _lstr_b_g	○	○

Welche Eigenschaft von oben ist gemeint? Ergänzen Sie.

1. Wer Neues kennenlernen möchte, muss *aufgeschlossen* sein.
2. Jemand, der sorgfältig und genau arbeitet, ist ____________.
3. Eine Person, die schnell die Kontrolle verliert, ist ____________.
4. Jemand, der ohne Mitleid hart durchgreift, ist ____________.
5. Wer übertrieben auf unwichtige Einzelheiten achtet, ist ____________.
6. Wenn man sich schwer tut, aktiv zu werden, ist man ____________.
7. Wer anderen Fehler verzeiht, ist ____________.
8. Eine Person, die sich um andere kümmert, ist ____________.
9. Jemand, der auf andere herabsieht, ist ____________.
10. Eine Person, die uneinsichtig an ihrer Meinung festhält, ist ____________.

A2 Lass mich ausreden! – Präfixverben von *sprechen/reden/sagen*

Ergänzen Sie das passende Präfixverb von *sprechen/reden/sagen* in der richtigen Form.

absprechen (2x) • ~~ausreden~~ • ausreden • aussagen • besagen • besprechen • einreden • entsprechen • herbeireden • herumsprechen • mitreden • nachsagen • untersagen • versagen • vorbeireden • widersprechen • zureden

1. Lassen Sie mich bitte *ausreden*. Dann können Sie gern ____________________.
2. In der Diskussion wurde ständig aneinander ____________________.
3. Bei diesem Thema kann ich leider nicht ____________________.
4. Alle Studien zu diesem Thema ____________________ dasselbe.
5. Ausreichenden Sachverstand kann man ihr nicht ____________________.
6. Man muss keine Probleme ____________________, wo keine sind.
7. Die Fragen und Antworten in der Sendung waren vorher ____________________.
8. Er war so schockiert, dass ihm die Stimme ____________________.
9. Er hat ihr ____________________, dass eine Kündigung das Beste wäre.
10. Diese wahnwitzige Idee sollten wir ihr wieder ____________________.
11. Wir müssen ihr gut ____________________, damit sie ihre Entscheidung überdenkt.
12. Es hat sich längst ____________________, dass sie kündigen will.
13. Die Stelle ____________________ genau ihren Vorstellungen.
14. Ihm wird ____________________, dass er Firmengelder unterschlagen hat.
15. Er hat mit seinem Anwalt ____________________, vor Gericht nicht ____________________.
16. Im Gerichtssaal sind Bild- und Tonaufnahmen strengstens ____________________.

Tipp

Zu den Wortfamilien *sprechen/reden/sagen* gehören unzählige Präfixverben mit teilweise sehr unterschiedlichen Bedeutungen:
Ich möchte gern ausreden/aussprechen. / Sie kann das Wort nicht aussprechen.
Die Eltern haben ihm das Studium ausgeredet. / Er hat bei der Polizei ausgesagt.

A3 Brüll doch nicht so! – Wortfeld *sprechen*

Ordnen Sie den Verben 1–20 des Wortfelds *sprechen* die passenden Umschreibungen a–t zu.

1. brüllen
2. drohen
3. flehen
4. flüstern
5. jammern
6. jubeln
7. lästern
8. loben
9. mahnen
10. murmeln
11. prahlen
12. rügen
13. schimpfen
14. schluchzen
15. schmeicheln
16. schreien
17. schweigen
18. stammeln
19. stottern
20. tuscheln

a) schlecht über jemanden reden, der nicht anwesend ist
b) jemandem seine Anerkennung zeigen
c) undeutlich und leise vor sich hin sprechen
d) etwas geheimnisvoll und leise besprechen
e) sehr laut sprechen
f) ungewollte Wiederholung von Lauten und Silben
g) sehr leise sprechen
h) extrem laut schreien
i) tief getroffen und krampfartig weinen
j) in klaren Worten seine Unzufriedenheit ausdrücken
k) jemandem etwas Unangenehmes ankündigen
l) (laut) klagen
m) inständig und demütig bitten
n) sich laut und deutlich sichtbar freuen
o) aus Angst oder Nervosität unzusammenhängend sprechen
p) um des Vorteils willen übertriebene Komplimente machen
q) maßlos angeben
r) nichts sagen
s) mit Nachdruck kritisieren
t) eindringlich auffordern

1	2	3	4	5	6	7	8	9	10
h									

11	12	13	14	15	16	17	18	19	20

Ergänzen Sie das passende Verb der linken Seite in der richtigen Form.

1. Bei jedem Witz *brüllen* die Zuschauer vor Lachen.
2. Er ______________ seit seiner Kindheit.
3. Sie ______________ ständig und über alles.
4. Die Gäste ______________ über den schlechten Service im Hotel.
5. Die Fans ______________ über den Gewinn der Meisterschaft.
6. Hinter ihrem Rücken ______________ die Kollegen.
7. Keiner verstand, was sie vor sich hin ______________.
8. Seine Kritiker ______________ seinen Schreibstil.
9. Das Kind begann herzergreifend zu ______________.
10. Er fühlt sich durch ihre Worte ______________.
11. Sie ______________ sich ständig etwas ins Ohr.
12. Da ______________ jemand um Hilfe.
13. Er hat mir mit einer Anzeige ______________.
14. Die Mädchen ______________ geheimnisvoll.
15. Er ______________ hilflos eine Entschuldigung.
16. Er ______________ um Vergebung.
17. In seiner Rede hat er dich mehrmals ______________ erwähnt.
18. Wir werden immer wieder zur Geduld ______________.
19. Er ______________ gern mit seinem Geld.
20. Reden ist Silber, ______________ ist Gold. (*Sprichwort*)

Tipp

Das Wortfeld *sprechen/sagen* ist ein weitreichendes Wortfeld. Bei manchen Verben liegt der Fokus auf dem Inhalt des Gesagten, andere drücken die Art und Weise des Sprechens aus.

Drohung: *Der Lehrer droht mit einem Verweis.*

Lob: *Er lobt ihren Fleiß.*

Lautstärke: *Wir flüsterten, um niemanden zu stören. / Sie wagte nicht zu schreien.*

A4 Wir benachrichtigen Sie. – Wortfeld *sprechen*

Welches Verb passt nicht? Streichen Sie.

1. eine Nachricht weitergeben:
   benachrichtigen – ~~bemerken~~ – informieren – melden – mitteilen
2. eine Antwort geben: antworten – entgegnen – erwidern – fluchen – sagen
3. positiv beeinflussen: ermuntern – ermutigen – motivieren – warnen – zusprechen
4. Kritik äußern: kritisieren – schelten – tadeln – würdigen – zurechtweisen
5. ein Geständnis ablegen: beichten – blenden – einräumen – gestehen – zugeben
6. Angst machen:
   bedrohen – besänftigen – beunruhigen – einschüchtern – verängstigen

A5 Auch Tiere kommunizieren. – Tierlaute

Ergänzen Sie zu jedem Tier das passende Verb in der richtigen Form.

~~bellen~~ • blöken • brummen • brüllen • gackern • grunzen • gurren • heulen • klappern • krächzen • krähen • miauen • meckern • muhen • quaken • schnattern • schreien • summen • trompeten • wiehern • zirpen

1. Hunde *bellen* und Katzen ____________.
2. Pferde ____________, Kühe ____________ und Schweine ____________.
3. Der Hahn ____________, die Hühner ____________ und die Gänse ____________.
4. Schafe ____________ und Ziegen ____________.
5. Die Biene ____________, Grille ____________ und der Frosch ____________.
6. Der Rabe ____________, die Taube ____________ und der Storch ____________.
7. Wölfe ____________, Löwen ____________ und Affen ____________.
8. Bären ____________ und Elefanten ____________.

A6 Kein Dach über dem Kopf – Wortfeld *Haus*

Ergänzen Sie den passenden Ausdruck aus dem Wortfeld *Haus* in der richtigen Form und kreuzen Sie die richtige Bedeutungserklärung an.

Bleibe • Bude (*ugs.*) • ~~Dach über dem Kopf~~ • Domizil • eigene vier Wände (*ugs.*) • Elfenbeinturm • Herrenhaus • Hütte • Obdach • Plattenbau • Ruine • Scheune • Wolkenkratzer

1. Wie viele Menschen auf der Welt haben *kein* Dach über dem Kopf?

   ○ keine Kopfbedeckung ⊗ keine sichere Wohnmöglichkeit

2. In der allgemeinen Vorstellung *sitzen Forscher im* ____________________.

   ○ sind Forscher elitär und realitätsfern ○ leben Forscher im Luxus

3. Viele Deutsche sehnen sich *nach den* ____________________.

   ○ nach Ruhe und Abgeschiedenheit ○ nach Immobilieneigentum

4. Bei plötzlichem Wohnungsverlust müssen Gemeinden *ihren Bürgern* ____________________ *gewähren.* ○ ihre Bürger mit Kleidung und Essen versorgen

   ○ ihren Bürgern eine Unterkunft zur Verfügung stellen

5. *Die berühmteste* ____________________ Deutschlands ist das Heidelberger Schloss.

   ○ Das berühmteste zerstörte Bauwerk ○ Die berühmteste Ruhestätte

6. In manchen Städten Deutschlands finden Studenten keine bezahlbare ____________________ mehr. ○ Unterkunft ○ Aufenthaltsgenehmigung

7. Ende der sechziger Jahre *entstanden* in der ehemaligen DDR *die sogenannten* ____________________, die sehr begehrt waren. ○ baute man Wohnhäuser mit flachen Dächern ○ wurden in Schnellbauweise Hochhäuser errichtet

8. Die Botschaft hat *ihr neues* ____________________ in Berlin.

   ○ ihre neue Außenstelle ○ ihren neuen Sitz

9. Die Stadt *mit den meisten* ____________________ in Deutschland ist Frankfurt am Main.

   ○ mit den meisten Hochhäusern ○ mit den höchsten Wohngebäuden

10. Viele alte und verfallene ____________________ stehen heute unter Denkmalschutz. ○ herrschaftliche Wohngebäude ○ Stadthäuser des Adels

11. Umgebaute ____________________ sind beliebte Lokalitäten für größere Familienfeste aller Art. ○ Getreidehallen ○ Schuppen

12. *In den* __________ der Christkindlmärkte wird Kunsthandwerk und Kulinarisches angeboten. ○ In den kleinen Lokalen ○ In den aufgestellten Verkaufsständen

13. *Welch Glanz in meiner* _________________*! (Friedrich Schiller)*
○ Welch unerwartet hoher Besuch! ○ Wie schön mein Haus geschmückt ist!

Tipp

Das Wortfeld *Haus* kann man in weitere Wortfelder mit unterschiedlichen gemeinsamen Merkmalen wie Größe, Beschaffenheit oder Zweck eines Gebäudes unterteilen, z. B. Wohn- und Geschäftshäuser, Gaststätten, Kirchen, Lagerhallen, Tierbehausungen usw.
Wohnhäuser: *Wohnung, Apartment, Reihenhaus, Villa* usw.
Öffentliche Gebäude: *Museum, Theater, Oper, Bürogebäude, Schule* usw.
Tierbehausungen: *Nest, Höhle, Bau, Stall, Gehege, Käfig* usw.

A7 Wer wohnt denn da? – Tierbehausungen

Bilden Sie Komposita für natürliche und künstliche Tierbehausungen. Ergänzen Sie die passende Behausung und den Artikel.

Bank • Bau • Becken • Burg • Gehege • ~~Haus~~ • Haus • Horst • Hügel • Hütte • Loch • Nest • Schlag • Stall • Stock • Teich

Natürliche Tierbehausungen:	Künstliche Tierbehausungen:
1. *das* Schnecken*haus*	9. _____ Hunde_______
2. _____ Ameisen_______	10. _____ Hühner_______
3. _____ Wespen_______	11. _____ Bienen_______
4. _____ Mäuse_______	12. _____ Tauben_______
5. _____ Adler_______	13. _____ Goldfisch_______
6. _____ Fuchs_______	14. _____ Haifisch_______
7. _____ Bibe_______	15. _____ Affen_______
8. _____ Seehund_______	16. _____ Elefanten_______

A8 Bummeln oder hetzen? – Wortfeld *gehen*

Kreuzen Sie das passende Verb an und ergänzen Sie es in der richtigen Präsensform und im Kompositum.

1. Die Freundinnen *bummeln* gern durch die Fußgängerzone. / *Bummel*zug

   ⊗ bummeln ○ hasten ○ wanken

2. Das Paar ____________ verliebt durch den Park. / ____________meile

   ○ rasen ○ taumeln ○ flanieren

3. Das Brautpaar ____________ zum Altar. / ____________vogel

   ○ schlendern ○ schlurfen ○ schreiten

4. Die Blaskapelle ____________ zum Festplatz. / ____________route

   ○ hinken ○ marschieren ○ pilgern

5. Wann beginnen Babys zu ____________? / ____________gruppe

   ○ krabbeln ○ kriechen ○ trampeln

6. Morgens ____________ die Leute zur Arbeit. / ____________jagd

   ○ hetzen ○ trödeln ○ waten

7. Ein Dieb ____________ ums Haus. / ____________werbung

   ○ hüpfen ○ schleichen ○ stapfen

8. Das Publikum ____________ vor Begeisterung. / ____________rhythmus

   ○ schlurfen ○ stampfen ○ stapfen

A9 Wir stapfen durch den Schnee. – Arten der Fortbewegung

Ordnen Sie die Verben nach der Art ihrer Fortbewegung in die Tabelle ein.

~~bummeln~~ • flanieren • hasten • hetzen • huschen • rasen • schleichen • schlendern • schlurfen • schreiten • stampfen • stapfen • tapsen (*ugs.*) • taumeln • torkeln (*ugs.*) • trödeln (*ugs.*) • trampeln • wanken

langsam	*bummeln*, ____________
schnell	____________
unsicher	____________
geräuschvoll	____________

A10 Wer läuft denn da? – Fortbewegung bei Tieren

Schreiben Sie die Verben richtig. Ordnen Sie die Verben der Fortbewegung den passenden Tieren zu. Ergänzen Sie die Artikel.

1. terflatn: *flattern*
2. nsetap: ___________
3. penlhop: ___________
4. fehünp: ___________
5. belkrabn: ___________
6. chekrien: ___________
7. gelschlänn: sich ___________
8. renziestol: ___________
9. peltinp: ___________
10. schnelwat: ___________
11. nreschwir: ___________
12. penltram: ___________
13. schnehu: ___________
14. renpielopga: ___________

a) _____ Ameise
b) _____ Bär
c) _____ Eichhörnchen
d) _____ Elefant
e) _____ Ente
f) *der* Falter
g) _____ Hahn
h) _____ Hase
i) _____ Igel
j) _____ Maus
k) _____ Mücke
l) _____ Pferd
m) _____ Regenwurm
n) _____ Schnecke

1	2	3	4	5	6	7	8	9	10	11	12	13	14
f													

Tipp

Das Wortfeld *gehen/sich fortbewegen* gehört zu den großen Wortfeldern. Die verschiedenen Verben drücken meist eine ganz spezifische Art der Fortbewegung aus: schnell, langsam, gemütlich, unsicher, aufrecht usw.

Touristen schlendern durch die Altstadt. (langsam und gemütlich)

Er wankte zur Tür. (unsicher und schwankend)

Bestimmte Verben der Fortbewegung können bestimmten Tieren zugeordnet werden:

Das Känguru hüpft. Der Seehund robbt. Der Pfau stolziert.

A11 Du Feigling! – Personen und Tiere auf *-ling*

Bilden Sie aus den Nomen, Adjektiven und Verben die richtige Personen- oder Tierbezeichnung auf *-ling* und ergänzen Sie sie in der richtigen Form. Ordnen Sie die Nomen mit ihrer Grundform in die Tabelle auf der rechten Seite ein.

eindringen • ~~feige~~ • flüchten (2x) • frisch • Gunst (2x) • Haft • lieben • mehr • mischen (2x) • neu ankommen • saugen • schaden (2x) • schützen • vier • winzig

1. Immer wenn sie sich endgültig entscheiden muss, macht sie im letzten Moment einen Rückzieher. Sie ist einfach ein *Feigling*.
2. Bei Frauen mit unerfülltem Kinderwunsch, die sich einer Hormonbehandlung unterziehen, steigt der Anteil an ________geburten. Es werden Zwillinge, aber auch Drillinge und sogar ________ geboren.
3. Am 17. November ist der Weltfrühgeborenentag. Zu früh geborene ________, sogenannte Frühchen, wiegen oft nur wenige hundert Gramm. Für das Überleben der ________ ist die Lungenreife entscheidend.
4. Unser Hund ist kein Rassehund. Er ist ein Schäferhund________. Für Menschen, deren Eltern verschiedener Hautfarbe sind, ist die Bezeichnung „________" abwertend.
5. Auf seiner Homepage stellt das Tierheim einige seiner ________ mit Fotos und Berichten vor. Vielleicht findet hier jemand sein ________tier.
6. Seit Sonntagmorgen fahndet die Polizei in Bochum nach zwei entflohenen ________.
7. Bei einer Sicherheitspanne am Frankfurter Flughafen gelang es einem Mann, unbemerkt in den Sicherheitsbereich zu gelangen. Der ________ konnte aber schnell gefasst werden.
8. Es gibt zahlreiche Möglichkeiten, sich ehrenamtlich für ________ zu engagieren. Viele ________ sind jahrelang in ________heimen untergebracht und benötigen Unterstützung im Alltag.

9. ______________ wirtschaft und Vetternwirtschaft ist die Bevorzugung einzelner Mitarbeiter aufgrund von Sympathien oder Verwandtschaft. Politische Machthaber haben ihre ______________, die sie fördern und von denen sie unterstützt werden.
10. Blattläuse und Spinnmilben gehören zu den Pflanzen______________, mit denen fast jeder Pflanzenfreund zu tun hat. Hausmittel und natürliche ______________ bekämpfung sollten die Mittel der Wahl sein.
11. Die Jungtiere des Schweins nennt man Ferkel, die des Wildschweins ______________.

Nomen + *-ling*	**Verben + *-ling***	**Adjektive u. a. + *-ling***
________ →	________ → ________	feige → Feigling
________	________ → ________	________ → ________
________ →	________ → ________	________ → ________
________	________ → ________	________ → ________
________ →	________ → ________	________ → ________
________	________ → ________	________ → ________
	________ → ________	________ → ________
	________ → ________	________ → ________
	________ → ________	________ → ________
		________ → ________

Tipp

Nomen mit dem Suffix *-ling* sind Maskulinum und bezeichnen oft Personen oder auch Tiere. Die Personenbezeichnungen sind geschlechtsneutral, manchmal abwertend. Sie leiten sich in der Regel von Nomen, Verben oder Adjektiven ab. Dabei fällt bei Verben die Infinitivendung, bei Adjektiven ggf. das Adjektivsuffix weg. Vokale werden umgelautet.

die Gunst → der Günstling, flüchten → der Flüchtling, schaden → der Schädling, schön → der Schönling (pej.), *winzig → der Winzling*

Auch Nomen wie *Frühling, Schmetterling, Pfifferling* (Pilz) oder *Fäustling* (Handschuh) gehören in diese Gruppe.

A12 Besondere Menschen – Personen auf *-ling*

Welche Personenbezeichnung ist kein Synonym? Streichen Sie. Ordnen Sie die Nomen auf *-ling* mit ihrer Grundform in die Tabelle auf der linken Seite ein.

1. Außenseiter – ~~Durchschnittstyp~~ – Eigenbrötler – Einzelgänger – Sonderling
2. Karrieremann – Taugenichts – Schwächling – Verlierer – Versager
3. Aufsteiger – Emporkömmling – Neureicher – Nichtskönner – Parvenü
4. Aufseher – Häftling – Inhaftierter – Strafgefangener – Sträfling
5. Dandy – Lebemann – Snob – Schönling – Schwindler
6. Bösewicht – Fiesling – Schurke – Sympathieträger – Widerling

A13 Ein aalglatter Typ – Elative mit Tieren

Bilden Sie Elative, indem Sie die Adjektive mit dem passenden Tier in der richtigen Form verstärken.

~~Aal~~ • Bär • Hund • Lamm • Mäuschen • Pudel • Puter • Rabe • Spinne • Vogel

1. Der neue Trainer ist ein *aal*glatter, unnahbarerTyp.
2. Die Mannschaft ist ein ________wilder Haufen, der Trainer unfähig.
3. In der Außenseiterrolle fühlen sich alle Spieler ________wohl.
4. Nach dem Höhentraining waren alle ________müde.
5. Beide Vereine sind sich seit Jahrzehnten ________feind.
6. Mit ________rotem Gesicht agierte der Trainer am Spielfeldrand.
7. Im Fanblock verhielt man sich nicht gerade ________fromm.
8. Beim Elfmeterschießen wurde es mucks________still im Stadion.
9. Der unerwartete Sieg war eine ________starke Leistung.
10. Es war ein ________schwarzer Tag für die gegnerische Mannschaft.

A14 Weiße Tiger in Shows: Siegfried & Roy

Ergänzen Sie das passende Wort in der richtigen Form.

abrupt • anfallen • auftreten • ausverkauft • behaupten • Durchbruch • erobern • glamourös • gleichen • Hut • landen • legendär • ~~Magierkunst~~ • Markenzeichen • offiziell • Rahmen • Schuld • stammen • sterben • Umstand • Unterhalter • vielfach • Zaubertrick • züchten

Siegfried & Roy hatten die (1) *Magierkunst* revolutioniert, indem sie nicht einfach Kaninchen aus (2) ______________ zauberten, sondern in ihren Zaubershows mit weißen Tigern und Löwen (3) ________________. Für den aus dem bayerischen Rosenheim (4) ___________________ Siegfried Fischbacher (*1939) stand schon früh fest, dass er mit (5) _____________________ sein Geld verdienen wollte. Nach einigen Gelegenheitsjobs (6) ______________ er 1960 als (7) ___________________ auf einem Kreuzfahrtschiff, wo er Roy (Uwe Ludwig) Horn (*1944) kennenlernte. Seitdem traten sie gemeinsam auf. Der internationale (8) __________________ gelang ihnen 1966 in Monte Carlo. Von dort aus (9) ________________ sie die Welt. Ihre größten Erfolge feierten sie in Las Vegas. Mit ihren Shows im "Mirage" wandelte sich Las Vegas zur (10) ____________________ Partystadt. Weiße Tiger, die das Magier-Duo selbst (11) ______________, wurden ihr (12) ________________________. Nicht nur mit den Tieren sprengte ihre hundertminütige (13) ________________ Bühnenshow alle (14) _______________. Es war die teuerste, aber auch erfolgreichste Show in den USA, die Tag für Tag (15) ___________________ war. Siegfried & Roy wurden weltberühmt und (16) ______________ ausgezeichnet.

2003 kam das (17) ______________ Ende der gemeinsamen Bühnenkarriere, als Roy mitten in einer Show von einem seiner Tiger (18) _________________ wurde. Sein Überleben (19) ____________ einem Wunder. Dem Tiger wollte Roy keine (20) ____________ geben. Obwohl sich die Unfallversion als (21) _______________ Version (22) ________________ hat, bleiben die genauen (23) _______________ der Tigerattacke ungeklärt. Roy Horn (24) __________ 2020 in Las Vegas.

A15 Mich laust der Affe! – Redewendungen mit Tieren

Ergänzen Sie das passende Tier in der richtigen Form. Ordnen Sie den Redewendungen 1–15 die passenden Umschreibungen a–o zu.

~~Affe~~ • Affe • Bär • Elefant • Fliege • Frosch • Hase • Hund • Katze • Krähe • Löwe • Mücke • Pudel • Ross • Schäfchen • Spatz • Taube

1. Mich laust der Affe!
2. Da hat dir wohl jemand einen ________ aufgebunden.
3. Den Letzten beißen die ________.
4. Er hat die ________ im Sack gekauft.
5. Eine ________ hackt der anderen kein Auge aus.
6. Ich habe einen ________ im Hals.
7. Wir haben unsere ________ im Trockenen.
8. Sie macht aus einer ________ einen ________!
9. Mach dich doch nicht zum ________!
10. Sie wagt sich in die Höhle des ________.
11. Er sitzt auf dem hohen ________.
12. Ein ________ in der Hand ist besser als eine ________ auf dem Dach.
13. Ich weiß, wie der ________ läuft.
14. Er tut keiner ________ etwas zuleide.
15. Das also war des ________ Kern. *(Johann W. von Goethe)*

a) Ich kann gerade nicht reden.
b) Er hat nicht genau gewusst, was er sich eingehandelt hat.
c) Das gibt es doch nicht!
d) Ich durchschaue die Sache.
e) Man soll sich mit dem zufrieden geben, was man sicher hat.
f) Sie stellt sich mutig dem Gegner.
g) Sie bauscht eine Kleinigkeit unverhältnismäßig auf.
h) Unter Seinesgleichen hält man zusammen.
i) Er ist arrogant und überheblich.
j) Da hat dir jemand nicht ganz die Wahrheit erzählt.
k) Mach dich doch nicht lächerlich!
l) Er ist friedlich und harmlos.
m) Das ist der entscheidende Punkt.
n) Wir sind (finanziell) abgesichert.
o) Der Schwächste hat das Nachsehen und trägt die Folgen.

1	2	3	4	5	6	7	8	9	10	11	12	13	14	15
c														

B Wetter und Natur

B1 Was ist ein Extremwetterereignis? – Wortfeld *Extremwetter*

Wie heißen die Wörter? Bringen Sie die Buchstaben in die richtige Reihenfolge oder ergänzen Sie die fehlenden Vokale.

Extremwetter ist kein (1) (schergilooroteme) meteorologischer Begriff, dem eine genaue Definition zugrunde liegt. (2) Extremwetterereignisse heben sich von dem Wetter ab, das man in einer bestimmten Region gewöhnt ist. Diese (3) __ __ß__rg__w__hnl__ch__n (4) (nemenophäterWet) ______________________ sind (5) st__rk__r, dauern (6) l__ng__r und kommen (7) s__lt__n__r vor als üblich. Schwere (8) __nw__tt__r, (9) St__rkr__g__n, (10) H__chw__ss__r, (11) (lenweltzeHi) ________________, (12) D__rr__n, (13) Ork__n__ oder heftige (14) (lefälneeSch) ________________ sind Beispiele für (15) __ __ß__r__rd__ntl__ch__ Wetterereignisse. Einig sind sich (16) (erischformaKl) __________________ darüber, dass manche (17) (metreexterWet) ____________________ mit (18) st__ __g__nd__n Temperaturen zunehmen werden und im Zusammenhang mit dem (19) (ndelliwamaK) ______________________ stehen. Noch sind die (20) v__rh__nd__n__n Datenmengen und Klimamodelle unzureichend, um (21) v__rl__ssl__ch__ (22) (gsennoPor) ______________ für die Zukunft stellen zu können.

B2 Wetternachrichten – Wortfeld *Extremwetter*

Ergänzen Sie das passende Wort in der richtigen Form.

abschalten • ~~anhaltend~~ • Evakuierungen • fliehen • Flut • heimsuchen • herrschen • Hitzewelle • Keller • messen • Notunterkunft • Starkregen • Tote • Trockenheit • Überflutung • verheerend • versinken • Verwüstung • Wind • Wirbelsturm • Wucht

1. Nach anhaltenden Regenfällen drohen weite Teile Bayerns im Wasser zu ______________. Mittlerweile haben die ______________ München erreicht. Zahlreiche ______________ stehen unter Wasser, der Strom musste zeitweise ________________________. Es kam zu ____________________.

2. Bei der aktuellen ______________ wurden im Süden Australiens neue Rekordtemperaturen ______________. Die massive ______________ hat zu ______________ Waldbränden geführt. Starke ______________ schüren die Buschfeuer zusätzlich.
3. Ostafrika wird vermehrt von ______________ und Überschwemmungen ______________. In Somalia ______________ die Menschen vor den Wassermassen. In Kenia führten die ______________ zu Erdrutschen mit mehreren ______________.
4. Erneut hat ein ______________ die Philippinen mit voller ______________ getroffen. Er hinterlässt bereits jetzt eine Schneise der ______________. Es ______________ der Ausnahmezustand. Tausende Menschen mussten in ______________ ziehen.

B3 Besondere Naturschauspiele – Synonyme im Kontext

Welche Ausdrücke sind im Kontext Synonyme? Welcher Ausdruck passt nicht? Streichen Sie.

Sonnenfinsternis: Bei einer (1) *Eklipse/~~Mondfinsternis~~/Sonnenfinsternis* schiebt sich der Mond zwischen Erde und Sonne. Es ist, als ob am Himmel ganz langsam das Licht (2) *ausgedrückt/gelöscht/ausgeschaltet* würde. Die dunkle Mondscheibe (3) *verdeckt/verhüllt/verwischt* die Sonne, (4) der *Beobachter/Betrachter/Betreiber* befindet sich im Kernschatten. Dieses (5) *einmalige/geläufige/überwältigende* Naturerlebnis geht mit einem (6) *bescheidenen/merklichen/spürbaren* Temperaturabfall einher. Tier- und Pflanzenwelt reagieren ihrerseits auf die kurzzeitige (7) *Dämmerung/Finsternis/Lichterscheinung*. Besteht die Möglichkeit, eine Sonnenfinsternis zu (8) *befolgen/beobachten/verfolgen*, ist eine Schutzbrille (9) *unabdingbar/unverzichtbar/vernachlässigbar*. (10) *Andernfalls/Gegebenenfalls/Ansonsten* drohen Augenschäden.

Vulkanausbruch: Zu den besonderen (11) *Naturschauspielen/Naturspektakeln/ Naturübeln* auf unserem Planeten zählen Vulkanausbrüche. Vulkane können jederzeit ausbrechen, selbst wenn sie als (12) *erloschen/inaktiv/vergangen* gelten. Sie (13) *speicheln/speien/spucken* Feuer, ihre Aschewolke verdunkelt den Himmel, glühend heiße (14) *Lavakreise/Lavamassen/Lavaströme* bewegen sich hangabwärts. Beim Hinabfließen kühlt die Lava allmählich ab, bis sie schließlich (15) *erhärtet/erstarrt/verdickt*. Gegen die Feuerberge ist der Mensch (16) *einfallslos/einflusslos/machtlos*. Er kann *(sich)* höchstens für den Ernstfall (17) *aufkommen/rüsten/vorsorgen*, um Schadensbegrenzung zu (18) *betreiben/erreichen/treffen*.

Meeresleuchten: Nächtliche Lichterscheinungen am Meer, (19) *Biolumineszens/ Meeresleuchten/Nachtschwärmerei* genannt, üben eine (20) *enorme/unerhebliche/ ungeheure* Faszination auf den Menschen aus. Kleinste Lebewesen des Phytoplanktons (21) *bestreiten/erzeugen/produzieren* das meist blaue oder blaugrüne Licht im Wasser. Für diese Lichtsignale, Reaktionen auf Wellen oder Bewegung, sind (22) *partiell/ maßgeblich/überwiegend* einzellige Algen verantwortlich. Auf Deutsch (23) *haben/ halten/tragen* sie so sprechende Namen wie „Nachtlaternchen" oder „Meeresleucht-tierchen". Mit der Bezeichnung Biolumineszenz wird auf den zugrundeliegenden biochemischen (24) *Fortgang/Prozess/Vorgang* verwiesen, der das (25) *geheimnisvolle/ magische/reizlose* Leuchten auslöst.

B4 Imposante Natur – Fremdsprachige Synonyme

Ordnen Sie den fremdsprachigen, kursiv gesetzten Ausdrücken 1–10 die entsprechenden deutschen Synonyme a–j zu.

1. *imposante* Natur
2. *partielle* Mondfinsternis
3. *Highlight* der Reise
4. *inaktiver* Vulkan
5. *Evakuierung* der Gefahrenzone
6. *fatale* Folgen
7. heimische *Flora*
8. *irreparable* Schäden
9. *Fauna* der Tiefsee
10. *adäquates* Verhalten

a) untätig, erloschen
b) unwiderruflich, nicht behebbar
c) Räumung
d) Pflanzenwelt
e) verhängnisvoll, verheerend
f) nicht vollständig, teilweise
g) angemessen, geeignet
h) Tierwelt
i) Höhepunkt, Krönung
j) eindrucksvoll, beeindruckend

1	2	3	4	5	6	7	8	9	10
j									

Tipp

Zu den Synonymen in einem Wortfeld gehören auch Fremdwörter aus anderen Sprachen:
das Spektakel (lat.) = *das Schauspiel, die Eklipse* (griech.) = *die Sonnenfinsternis*
imposant (franz.) = *eindrucksvoll, clever* (engl.) = *klug*

B5 Im Gebirge – Nomen mit dem Präfix *ge-*

Bilden Sie aus den Nomen und Verben Nomen mit dem Präfix *ge-* und ergänzen Sie das jeweils passende Nomen in der richtigen Form.

~~Berg~~ • Busch • Land • Stein • Tier
fallen • rollen • ~~tosen~~ • wachsen

1. Die Alpen sind das höchste *Gebirge* innerhalb Europas.
2. Mit lautem *Getöse* stürzen Wildbäche hinab ins Tal.
3. Das ____________ der Alpen lässt sich nach Entstehungszeit unterteilen.
4. Lawinen aus Schlamm, ____________ und Holz nennt man Muren.
5. Abseits der Wege und Markierungen ist das ____________ meist gefährlich.
6. Schilder weisen auf Länge und ____________ bestimmter Wanderstrecken hin.
7. Dichtes ____________ am Wegrand ist Unterschlupf für allerlei ____________.
8. Alpen____________ wie das Edelweiß stehen unter Naturschutz.

Tipp

Es gibt zahlreiche Nomen mit dem Präfix *ge-*, die von einem Grundwort abgeleitet sind. Oft kommt ein Umlaut hinzu, manchmal ein *-e* am Ende.
Die Gruppe der Nomen auf *ge-*, die Kollektivbezeichnungen sind oder auf eine Gesamtheit verweisen, sind immer Neutrum:
das Wasser → das Gewässer, der Berg → das Gebirge, der Ast → das Geäst (= alle Äste eines Baums), *wachsen → das Gewächs* (= alle Pflanzen)
Andere Nomen, ebenfalls meist Neutrum, beziehen sich auf Handlungen:
schreien → das Geschrei, reden → das Gerede (pej.), *bellen → das Gebell*

B

B6 Gewässer in Österreich

Ergänzen Sie die fehlenden Wörter in der richtigen Form und ordnen Sie die Beschreibungen 1–6 den Gewässern a–f zu.

Alpenfluss • Bach • Binnengewässer • durchfließen • entspringen • erstrecken • Fauna • Grenzfluss • münden • Mündung • Quelle • ~~See~~ • Strom • Tauchparadies • Tiefe • Trinkwasserspeicher • Wasserkraftwerk • Wasserqualität

1. Der größte, vollständig innerhalb Österreichs liegende _See_ befindet sich im Salzkammergut. Mit einer ________ von bis zu 172 Metern gilt er als wahres ________________.
2. Als längster ________________ verbindet er die Schweiz, Österreich und Deutschland. Vor allem seine ____________ ________________ sind für die drei Länder bedeutsam.
3. Der ________________ zwischen Oberösterreich und Bayern ________________ in den Kitzbüheler Alpen und __________ in den Inn. Im Mittelalter war er für den Handel wichtig.
4. 2850 Kilometer sind es von der __________ im Schwarzwald bis zur ______________ ins Schwarze Meer. Der kleine ______ entwickelt sich zum mächtigen _________, der zehn Länder ________________.
5. Mit seiner hervorragenden ________________________ ist dieser nur zu elf Prozent österreichische See ein riesiger ________________________________ für die gesamte Region.
6. Das größte ________________________ Österreichs gehört mit seiner einzigartigen Flora und _________ zum UNESCO-Welterbe. Der See ______________ sich bis nach Ungarn.

a) Bodensee
b) Neusiedler See
c) Donau
d) Salzach
e) Attersee
f) Inn

1	2	3	4	5	6
e					

B7 Es leuchtet in der Natur. – Wortfeld *leuchten*

Welche Satzteile gehören zusammen? Verbinden Sie und unterstreichen Sie die Verben aus dem Wortfeld *leuchten*.

1. Die Berggipfel leuchten
2. Auf den Bergen glänzt
3. Das Weiß des Schnees
4. Hoch am Himmel
5. In der Dunkelheit
6. Das Meer glitzert
7. Viele Sterne erhellen
8. Über dem Wüstensand
9. Von Weitem schimmert
10. Kleine Wassertropfen

a) flimmert die heiße Luft.
b) scheint der Mond am Himmel.
c) den nächtlichen Himmel.
d) in der Abendsonne.
e) der frische Schnee.
f) der See durch die Bäume.
g) strahlt die Sonne.
h) blendet in den Augen.
i) funkeln auf den Blättern.
j) im Sonnenlicht.

1	2	3	4	5	6	7	8	9	10
d									

B8 Dunkler Wald – Adjektive aus dem Wortfeld *hell/dunkel*

Ergänzen Sie das passende Adjektiv/Partizip in der richtigen Form.

~~dunkel~~ • düster • finster • hell • leuchtend • strahlend • trüb

1. dunkler Wald, dunkles Brot, dunkle Vergangenheit
2. __________ Tag, __________ Stimme, __________ Kopf
3. __________ Nacht, __________ Kneipe, __________ Gedanken
4. __________ Sterne, __________ Augen, __________ Zukunft
5. __________ Licht, __________ Landschaft, __________ Vorahnung
6. __________ Wetter, __________ Glanz, __________ Gesichter
7. __________ Jahreszeit, __________ Glas, __________ Aussichten

B9 Schnee von gestern! – Redewendungen aus dem Wortfeld *Natur*

Ergänzen Sie die fehlenden Nomen in der richtigen Form. Ordnen Sie den Redewendungen 1–15 die passenden Umschreibungen a–o zu.

Baum • Berg • Feuer • Himmel • Licht • Luft • Regen • ~~Schnee~~ • Sonne • Stein • Stern • Wald • Wasser • Wind • Wolke • Zweig

1. Das ist doch _Schnee_ von gestern!
2. Wir kommen auf keinen grünen ________.
3. Ich lege meine Hand für sie ins ________.
4. Er ist schon längst über alle ________.
5. Man sieht den ________ vor lauter ________ nicht.
6. Sie ist aus allen ________ gefallen.
7. Das ist völlig aus der ________ gegriffen.
8. Da kommen wir vom ________ in die Traufe.
9. Sein ________ ist am Sinken.
10. Ich sehe kein ________ am Ende des Tunnels.
11. Endlich kommt der ________ ins Rollen.
12. Sie schlägt alle Ratschläge in den ________.
13. Er wird ins kalte ________ geworfen.
14. Dich schickt der ________.
15. Die ________ bringt es an den Tag. *(Adelbert von Chamisso)*

a) Das ist haltlos und unbegründet.
b) Statt besser wird es noch schlimmer werden.
c) Sein Einfluss und sein Erfolg nehmen ab.
d) Wir sind ohne Glück und Erfolg.
e) Er muss mit ganz neuen Herausforderungen klarkommen.
f) Du kommst im richtigen Moment.
g) Er ist uneinholbar auf und davon.
h) Es gibt keinen Anlass zur Zuversicht.
i) Sie hat nicht damit gerechnet.
j) Jetzt kommt Bewegung in die Sache.
k) Für sie kann ich garantieren.
l) Man kann nichts dauerhaft geheim halten.
m) Statt das Ganze zu erkennen, verliert man sich in Einzelheiten.
n) Das ist nicht mehr von Interesse.
o) Sie ist unbelehrbar.

1	2	3	4	5	6	7	8	9	10	11	12	13	14	15
n														

C Gesundheit und Wohlbefinden

C1 Arzt und Patient – Adjektive auf *-sam* und ihre Synonyme

Bilden Sie aus den Verben oder Nomen Adjektive auf *-sam* und ergänzen Sie das jeweils passende Adjektiv in der richtigen Form.

bedeuten • behüten • dulden • (sich) einfühlen • Heil •
~~Rat~~ • Sorge • sparen • wirken • Wunder

1. Es ist ratsam, sich an die ärztlichen Empfehlungen zu halten.
2. Für die richtige Diagnose ist eine ______ erhobene Anamnese Voraussetzung.
3. Je ______ der Arzt ist, desto größer ist der Behandlungserfolg.
4. Mit traumatisierten Kindern muss man besonders ______ umgehen.
5. In der Clowntherapie wird auf die ______ Wirkung des Lachens gesetzt.
6. Es gibt Geschichten von ______ Spontanheilungen bei Krebskranken.
7. Die Heilkraft von Placebos ist nachgewiesen und klinisch ______.
8. Schmerzmittel sollen möglichst kurzfristig und ______ eingenommen werden.
9. Bei vielen Infekten haben sich Hausmittel als ______ erwiesen.
10. Er hat seine schwere Krankheit jahrelang ______ ertragen.

Ordnen Sie den Adjektiven in 1–10 den passenden synonymen Ausdruck a–j zu.

a) rätselhaft, unerklärlich
b) in begrenzten Mengen
c) ohne sich zu beklagen
d) vorsichtig und rücksichtsvoll
e) empathisch, verständnisvoll
f) gesundheitsfördernd
g) nützlich, sinnvoll
h) genau überlegt
i) wichtig, relevant
j) effektiv, erfolgreich

1	2	3	4	5	6	7	8	9	10
g									

Tipp

Die Gruppe der Adjektive mit dem Suffix *-sam* ist insgesamt eher klein.
Meist sind es Ableitungen von Verben oder von Nomen.
bedeuten → bedeutsam, schweigen → schweigsam
Rat → ratsam, Mühe → mühsam

C

C2 Immer im Stress – Wortfamilie *Stress*

Welche Satzteile gehören zusammen? Verbinden Sie. Unterstreichen Sie die Wörter aus der Wortfamilie *Stress*.

1. Die hohen Belastungen im Alltag und Beruf führen
2. Man unterscheidet zwischen positivem und negativem Stress,
3. In vielen Berufen ist man heutzutage
4. Stresshormone schwächen
5. Erschöpfung und Schlafstörungen
6. Durch Achtsamkeit dem eigenen Körper gegenüber kann
7. Manche Menschen sind
8. Wer sich wann gestresst fühlt,
9. Die Faktoren, die den Organismus aus dem Gleichgewicht bringen,
10. Es gibt viele Methoden,
11. Ein Weg, stressfrei durch den Alltag zu kommen,
12. Stressforscher und Psychologen können Tipps geben, wie

a) gehören zu den typischen Stresssymptomen.
b) man stressige Situationen am besten meistert.
c) nennt man Stressoren.
d) Stress entgegengewirkt werden.
e) ist individuell unterschiedlich.
f) auf Dauer die Abwehrkräfte des Immunsystems.
g) ist gutes Zeitmanagement.
h) bei vielen zu Dauerstress.
i) von Natur aus weniger stressempfindlich als andere.
j) permanentem Stress ausgesetzt.
k) die eigene Stressresistenz zu erhöhen.
l) der langfristig der Gesundheit schadet.

1	2	3	4	5	6	7	8	9	10	11	12
h											

Tipp

Die meisten Wörter der Wortfamilie *Stress* sind Komposita. Die Grundwörter sind *Stress* (m), *stressen, stressig*. Es gibt viele Nomenkomposita, aber auch einige Adjektivkomposita: *der Stressfaktor, die Stressbewältigung* usw. *stressfrei, stressreich, stressanfällig* usw.

C3 Lass dich nicht stressen! – Synonyme aus dem Wortfeld *Stress*

Jeweils ein Wort passt nicht in die Reihe. Streichen Sie.

1. Stress: Anspannung – ~~Behagen~~ – Belastung – Druck – Überforderung
2. Etwas stresst: ablösen – anstrengen – aufreiben – belasten – zusetzen
3. Stress auslösen:
   entstehen lassen – entwenden – erzeugen – hervorrufen – verursachen
4. Stress aushalten: bewältigen – brechen – ertragen – kompensieren – verarbeiten
5. Stress bekämpfen: abbauen – kürzen – minimieren – reduzieren – verringern
6. Stress vermeiden:
   abwenden – abwehren – austauschen – verhindern – vorbeugen
7. Gestresste Personen:
   ausgebrannt – entkräftet – erschöpft – gelöst – überlastet – unter Druck
8. Stressige Situationen:
   anstrengend – belastend – nervig – nervenaufreibend – ungezwungen

C4 Kein Land in Sicht! – Redewendungen aus dem Wortfeld *Stress*

Ergänzen Sie die fehlenden Wörter in der richtigen Form.

Arbeit • Hals • hinten und vorne • Kopf •
~~Land~~ • Land • Loch • Luft • Nerv • Ohr • Strom

1. Anna sieht kein _Land_ mehr.
2. Ben steht ständig unter ________.
3. Christina weiß nicht, wo ihr der ________ steht.
4. Jan pfeift aus dem letzten ________. (*ugs.*)
5. Esther steckt bis zum ________ in ________.
6. Fabian hat immer viel um die ________.
7. Gina hat kaum mehr Zeit, ________ zu holen.
8. Henning ist mit den ________ am Ende.
9. Bei Ines herrscht gerade ________ unter.
10. Dieter weiß nicht mehr, wo ____________ ist.

C

C5 Im Zeichen der Pandemie – Nomen-Verb-Verbindungen aus dem Wortfeld *Pandemie*

Ergänzen Sie die fehlenden Vokale bei den Nomen und bringen Sie die Buchstaben der Verben in die richtige Reihenfolge. Wie heißen die Nomen-Verb-Verbindungen im Infinitiv?

1. Um in kritischen Situationen schnell handlungsfähig zu sein, wird ein Kr_i_s_e_nst_a_b (nefurebnie) *einberufen*. → *einen Krisenstab einberufen*
2. Die Regierungen entscheiden, welche Sch__tzm__ßn__hm__n gegen die Pandemie (neffirgre) ______________ werden.
→ ______________________________
3. Im Extremfall werden __ __sg__ngssp__rr__n (tgnährev) ______________.
→ ______________________________
4. Hyg__ __n__r__g__ln nützen nur, wenn sie auch adäquat (tztesegmu) ______________ werden. → ______________________________
5. Unabhängig von der akuten Bedrohung ist es immer sinnvoll, den notwendigen S__ch__rh__ __ts__bst__nd zu anderen (netlahuznie) ______________
→ ______________________________
6. Es wird empfohlen, einen M__ndsch__tz zu (negart) ______________.
→ ______________________________
7. Infizierte und Kontaktpersonen werden unter Qu__r__nt__n__ (tlletseg) ______________. → ______________________________
8. Wenn der Großteil der Bevölkerung gegen einen Krankheitserreger resistent ist, (neßeineg) ______________ alle H__rd__n__mm__n__t__t.
→ ______________________________
9. Bei Gefahr (thcirps) ______________ das Auswärtige Amt R__ __s__w__rn__ng__n (sua) ______. → ______________________________
10. Zur besseren Koordinierung von Schutzmaßnahmen für die Bevölkerung kann der K__t__str__ph__nf__ll (nefuregsua) ______________ werden.
→ ______________________________

C6 Woher stammt das Wort „Quarantäne"? – Wortgeschichte

Ergänzen Sie das passende Wort in der richtigen Form.

Ansteckung • ausharren • ausweiten • begeben • Besatzung • Bibel • eindämmen • einschleppen • durchgängig • hinterlassen • häuslich • Inkubationszeit • medizinisch • ~~Pandemie~~ • Neuschöpfung • Schutzmaßnahme • Seemacht • Seuche • ungebremst • Ursprung • verweisen • vordringen • Wahl • wüten

Seit der (1) Corona-_Pandemie_ gehört der Begriff „Quarantäne" zu unserem Alltagswortschatz. Im Gegensatz zu anderen Corona-Wörtern ist das Wort jedoch keine (2) ____________________, sondern hat seinen (3) ______________ im 14. Jahrhundert. Damals (4) ____________ die Pest in Europa und (5) ______________ Millionen Tote. Es wird vermutet, dass der Pesterreger über den Seeweg nach Europa (6) ____________________. Um die Ausbreitung der Krankheit (7) ____________ ____________, versuchte man, (8) ____________________ weitgehend zu vermeiden. In Venedig, der stolzen (9) ______________ des Mittelalters, mussten sich ankommende Handelsschiffe mit der gesamten (10) ______________ in Quarantäne (11) ____________. Die Zahl 40, italienisch „quaranta", (12) ______________ auf die angesetzte Dauer der Quarantäne und ist auch in der (13) ______________ bedeutsam. (14) ________________________ waren unbekannt. Die Seeleute hatten also vierzig Tage auf ihren Schiffen (15) __________________. Diese (16) ______________ wurde aber nicht (17) __________________ eingehalten. Mit Bestechungsgeldern konnte man sie geschickt umgehen, sodass die Pest (18) ________________ bis nach Mitteleuropa (19) ________________ konnte. Heute umfasst Quarantäne auch die (20) ______________ Quarantäne und kann bei (21) ____________________ Notwendigkeit auf ganze Städte (22) ________________________. Zur Eindämmung von (23) ____________ sind Isolations- und Quarantänemaßnahmen weiterhin Mittel der (24) ____________.

C7 Er lebe hoch! – Präfixverben von *leben* und *sterben*

Ergänzen Sie das passende Präfixverb von *leben* oder *sterben* in der richtigen Form.

absterben • aufleben • sich auseinanderleben • ausleben • aussterben (2x) • sich einleben • dahinsterben • durchleben • ~~hochleben~~ • miterleben • überleben • verleben • versterben • wegsterben • wiederbeleben • zusammenleben

1. Wir wollen seinen Geburtstag gebührend feiern und ihn *hochleben* lassen.
2. Nach längerer Krankheit ______________ er im Alter von 87 Jahren.
3. Obwohl er zwei Weltkriege ______________ hat, führte er ein erfülltes Leben.
4. Durch den jahrelangen Drogenmissbrauch sieht sie schon ziemlich __________ aus.
5. Die ganze Familie ______________ nach der Krebsdiagnose schwierige Zeiten.
6. Bei der Operation ist sie den Ärzten unter den Händen ______________.
7. Sie hat den schweren Autounfall nur mit knapper Not ______________.
8. Er war bereits klinisch tot, konnte aber erfolgreich ______________.
9. Durch Hunger und Seuchen ______________ die Menschen häufig ______________.
10. In der Pandemie wirkten die Städte auch untertags wie ______________.
11. Ich hoffe, dass du _______ gut in der neuen Heimat ______________.
12. Wir haben beschlossen, alte Familientraditionen wieder ______________ zu lassen.
13. Auf der Bühne konnte er seine vielfältigen Begabungen optimal ________________
14. In der eisigen Kälte _______ mir die Zehen fast ______________.
15. Sie haben vor der Heirat schon jahrelang ______________.
16. Sie haben ____________________ und schließlich getrennt.
17. Die Dummen ______________ nicht _____. (*Redewendung ugs.*)

Tipp

Während *leben* mit vielen Präfixverben vertreten ist, gibt es von *sterben* nur einige wenige. Das Verb *leben* ist regelmäßig (Perfekt mit *haben*), *sterben* ist unregelmäßig und bildet das Perfekt mit *sein* (*stirbt-starb-ist gestorben*).
Mein Vater ist früh gestorben/verstorben.
Er lebt schon lange nicht mehr. / Er hat den Mauerfall nicht mehr erlebt.

C8 Tödlich – Synonyme Ausdrücke für *sterben*

Welche Varianten sind richtig? Kreuzen Sie an. Eine Variante ist jeweils falsch.

1. ⊗ Er ist beim Klettern tödlich verunglückt. ⊗ Er hat beim Klettern sein Leben verloren. ⊗ Das Klettern hat ihn das Leben gekostet.
   ○ Das Klettern hat ihn mitgenommen.
2. Sie ist im biblischen Alter von 104 Jahren
   ○ friedlich eingeschlafen. ○ sanft entschlafen. ○ ruhig weggeschlafen.
3. ○ Er hat seine schwere Krankheit nicht überlebt.
   ○ Er ist seiner schweren Krankheit ausgekommen.
   ○ Er ist seiner schweren Krankheit erlegen.
4. Er ist beim Bergsteigen ○ ums Leben gekommen. ○ zu Tode gekommen.
   ○ in den Tod gekommen. ○ in den Tod gestürzt.
5. Bei dem Erdbeben ○ sind viele Menschen umgekommen.
   ○ haben viele Menschen den Tod gefunden.
   ○ sind viele Menschen untergegangen.
6. Ganze Familien ○ wurden von der Seuche dahingerafft.
   ○ haben der Seuche nachgegeben. ○ sind der Seuche zum Opfer gefallen.
   ○ sind Opfer der Seuche geworden.
7. Millionen Soldaten ○ haben im Krieg ihr Leben verlassen.
   ○ haben im Krieg ihr Leben gelassen. ○ sind im Krieg geblieben.
   ○ sind im Krieg gefallen.
8. Es scheint, ○ als hätte sein letztes Stündlein geschlagen.
   ○ als würde er die Glocke hören. ○ als würde er das Zeitliche segnen.
9. ○ Er ist von der Bühne abgetreten. ○ Er hat seinen Geist aufgegeben.
   ○ Er hat die Geister besucht. ○ Er hat ins Gras gebissen. (*ugs.*)
   ○ Er hat den Löffel abgegeben. (*ugs.*)
10. ○ Wir werden eines Tages aus dem Leben scheiden.
    ○ Irgendwann werden wir für immer die Augen schließen.
    ○ Wir werden alle dichtmachen. ○ Wir werden alle mal dran glauben müssen.

Tipp

Für kaum ein Verb gibt es so viele synonyme Ausdrücke und Umschreibungen wie für *sterben*. Sie reichen von „schöneren" Bezeichnungen wie *versterben, entschlafen* oder indirekten wie *heimgehen, abberufen werden* usw. bis hin zu bildhaften oder umgangssprachlichen Umschreibungen wie *sein Leben beschließen, einen letzten Gang gehen, abkratzen, über die Klinge springen* usw.

C9 Meilensteine der Medizin

Wie heißen die Wörter? Bringen Sie die Buchstaben in die richtige Reihenfolge oder ergänzen Sie die fehlenden Vokale.

Ignaz Semmelweis (1818-1865): Der „Retter der Mütter" erkannte, dass mangelnde (1) (negieHy) Hygiene ursächlich für das Sterben im (2) Kindbettfieber war. Erst posthum wurde seine (3) (lerolterreiVor) ______________ in der chirurgischen (4) D__s__nf__kt__ __n wertgeschätzt.

Robert Koch (1843-1910): Der (5) B__kt__r__ __l__g__ und Nobelpreisträger wies den Milzbrand- und den (6) (gerreerselokuberTu) ______________ nach. Das Robert-Koch-Institut in Berlin ist das zentrale Bundesinstitut für (7) (ungchwaerübtsheinkKra) ______________, (8) Pr__v__nt__ __n und Forschung.

Paul Ehrlich (1854-1915): Der (9) S__r__l__g__, Arzt und Nobelpreisträger widmete sich der (10) (ungschforbsKre) ______________ und den Mechanismen der (11) __mm__n__l__g__ __. Nach ihm ist ein weiteres Bundesinstitut, das Paul-Ehrlich-Institut, benannt, das für Impfstoffe und (12) (eltmitneizAr) ______________ zuständig ist.

Emil von Behring (1854-1917): Der „Retter der Kinder" fand einen Impfstoff gegen (13) D__pht__r__ __, die (14) (heitnkkraderKin) ______________ mit der damals höchsten (15) St__rbl__chk__ __tsr__t__. Der Name Behringwerke Marburg steht heute für einen modernen Biotech- bzw. (16) (torndstamaPhar) ______________ mit verschiedenen Unternehmen.

Karl Landsteiner (1868-1943): Er gilt als Entdecker des (17) (stemsyspengruptBlu) ______________ und wurde dafür 1930 mit dem Nobelpreis gewürdigt. In seinen (18) F__rsch__ngs__rb__ __t__n enträtselte er die (19) (enchlidtö) ______________ Verklumpungen bei (20) Bl__ttr__nsf__s__ __n__n.

C10 Halte die Ohren steif! – Redewendungen mit Körperteilen

Ergänzen Sie den passenden Körperteil in der richtigen Form. Ordnen Sie den Redewendungen 1–15 die passenden Umschreibungen a–o zu.

Auge • Bein • Finger • Haar • Hals • Hand • Herz • Magen • Mund • Nase • Niere • ~~Ohr~~ • Rücken • Zahn • Zunge

1. Halte die Ohren steif! (*ugs.*)
2. Er hat uns alle in der ______.
3. Sie wickelt jeden um den kleinen ______.
4. Er ist nie wieder auf die ______ gekommen.
5. Da fällt mir ein Stein vom ______.
6. Sie nimmt kein Blatt vor den ______.
7. Deine Argumente sind an den ______ herbeigezogen.
8. Ich glaube, ihr habt da etwas in den falschen ______ bekommen.
9. Beiß die ______ zusammen!
10. Halte deine ______ im Zaum!
11. Da dreht sich mir der ______ um.
12. Die Geschichte geht ihr an die ______.
13. Fass dir mal an die eigene ______!
14. Sie stehen schon mit dem ______ zur Wand.
15. Aus den ______, aus dem Sinn. (*Sprichwort*)

a) Pass auf, was du sagst!
b) Da bin ich total erleichtert.
c) Lass dich nicht unterkriegen!
d) Da liegt ein gründliches Missverständnis vor.
e) Halte durch!
f) Sie sind bereits in einer fast ausweglosen Situation.
g) Das setzt ihr emotional sehr zu.
h) Wer nicht mehr da ist, wird schnell vergessen.
i) Sei doch mal selbstkritisch!
j) Sie sagt offen, was sie denkt.
k) Er hat die Kontrolle über uns.
l) Da wird mir schlecht.
m) Er hat sich nicht mehr erholt.
n) Sie sind sehr weit hergeholt und absolut unpassend.
o) Sie schafft es immer, alle für sich einzuspannen.

1	2	3	4	5	6	7	8	9	10	11	12	13	14	15
c														

D

D Kultur und Freizeit

D1 Was versteht man unter Literatur? – Nomen auf *-ur*

Ordnen Sie den Begriffen 1–5 die passenden Umschreibungen a–e zu und ergänzen Sie die fehlenden Wörter in der richtigen Form.

Betrieb • Dichtkunst • dreidimensional • einheitlich • Epoche • ~~gedruckt~~ • handgefertigt • Kunstrichtung • Leistung • künstlerisch

1. Literatur
2. Kultur
3. Skulptur
4. Architektur
5. Manufaktur

a) Als historischer Begriff steht das Wort für vorindustrielle ______________, die Waren in Handarbeit hergestellt haben. In heutiger Zeit wird damit auf ______________ Produkte in höchster Qualität verwiesen.

b) Entweder ist die ______________ Gestaltung eines einzelnen Bauwerkes bzw. einer ______________ gemeint oder die Baukunst insgesamt.

c) Dieses Wort wird nicht ______________ definiert und unscharf benutzt. Als Gegenbegiff zu „Natur" bezeichnet es alle ______________ und Entwicklungen in einer Gesellschaft.

d) Im weiteren Sinn sind mit dem Begriff alle Arten geschriebener bzw. gedruckter Texte einschließlich Sach- und Fachtexten gemeint, im engeren Sinn versteht man darunter die gesamte ______________.

e) Ganz konkret kann sich das Wort auf ein einzelnes ______________ Werkstück eines Künstlers beziehen, allgemein meint es die Gesamtheit dieser ______________.

Tipp

Mit dem fremdsprachigen Suffix *-ur* werden feminine Nomen gebildet, die auf dem Suffix betont sind: *die Literatur* (aus lat. *littera/litteratura*)

1	2	3	4	5
d				

D2 Bücher und Filme – Adverbien auf *-weise*

Ersetzen Sie die kursiv gedruckten Ausdrücke durch entsprechende Adverbien auf *-weise*.

1. *Im Normalfall*/ Normalerweise sprechen mich Krimis nicht besonders an. Dieser Krimi hat mich *zu meinem Erstaunen*/ __________ richtig gefesselt.
2. Im Literaturseminar haben wir den Roman *Kapitel für Kapitel*/ __________ analysiert, was *an manchen Stellen*/ __________ recht zäh war.
3. Der Film hat *über bestimmte Strecken hin*/ __________ einige Längen.
4. Der Held trifft seine große Liebe *aus Zufall*/ __________ auf einer Vernissage. Sie stirbt, *was tragisch ist*/ __________, später bei einem Unfall.
5. Der Film hat *massenhaft*/ __________ nationale und internationale Preise abgeräumt und wird *womöglich*/ m__________ ein moderner Klassiker.
6. Das Buch war *immer wieder mal*/ z__________ ausverkauft, bis es endgültig vergriffen war.
7. Die DVD ist nach *Wahl*/ __________ in drei Sprachen abspielbar. *Zu unserem Bedauern*/ __________ sind keine Untertitel verfügbar.
8. *Im Idealfall*/ __________ sorgt eine Leinwand für echtes Kinogefühl in der eigenen Wohnung.

Tipp

Das Adverbsuffix *-weise* ist extrem produktiv. Es kann sich sowohl mit Nomen als auch mit Adjektiven verbinden. Dabei erhalten Adjektive immer das Fugenelement *-er*, bei Nomen sind Fugenelemente möglich. Die so gebildeten Adverbien drücken aus, dass etwas auf bestimmte „Art und Weise" geschieht.

Teil → teilweise, Beispiel → beispielsweise

glücklich → glücklicherweise, unbekannt → unbekannterweise

D3 Hitchcocks Film „Fenster zum Hof" – Verben aus dem Wortfeld *sehen*

Ergänzen Sie das passende Verb aus dem Wortfeld *sehen* in der richtigen Form.

bemerken • beobachten • betrachten • erblicken • erkennen • erspähen • nachsehen • sehen • starren • überblicken • vorstellen • ~~wahrnehmen~~ • zusehen

Hitchcocks legendärer Film „Fenster zum Hof" aus dem Jahr 1954 ist ein Film über das Sehen, über das, was man mit den eigenen Augen (1) *wahrnimmt*, und über das, was man sich nur gedanklich (2) ______________.
Der im Rollstuhl sitzende Protagonist Jeff (3) ______________ aus Langeweile seine Nachbarn im Hinterhaus. Voyeuristisch (4) ______________ Jeff stundenlang in die Wohnungen des Hinterhofs. Mit seinem Teleobjektiv (5) ______________ er höchst private Details. Eines Nachts (6) ______________ er verdächtige Handlungen und glaubt einem Mord (7) ______________.
Als Jeffs Freundin Lisa einmal selbst den Nachbarn mit dem ominösen Leichenkoffer im Fenster (8) ______________, (9) ______________ sie, dass Jeffs Ausführungen keine Hirngespinste sind. Sie beschließt, selbst in der Wohnung (10) ______________.
Der Zuschauer (11) ______________ den Thriller durchgängig aus der Perspektive der Hauptfigur. Bis zum Schluss des Films (12) ______________ man die Situation des Verbrechens nicht. Auch ist der Mord, um den sich die Geschichte dreht, in keiner einzigen Szene wirklich zu (13) ______________.

Tipp

Zum Wortfeld *sehen* gehören die regionalen Varianten *schauen* (sddt.) und *gucken* (ndt.), viele Verben und Präfixverben.
Lass uns den Film ansehen/anschauen/angucken!
Viele Präfixverben sind gleichzeitig Teil der Wortfamilie:
Ich habe den Fehler übersehen. / Du solltest genau hinsehen.
Die meisten Verben thematisieren eine bestimmte Art des Sehens:
Er beobachtet seine Nachbarn mit dem Fernglas. / Sie starrt aus dem Fenster.
Starr mich nicht so an! / Wir besichtigen die Stadt.

D4 Thriller und mehr – Wortgeschichte

Wie heißen die Wörter? Bringen Sie die Buchstaben in die richtige Reihenfolge oder ergänzen Sie die fehlenden Vokale. Kreuzen Sie dann jeweils die beiden richtigen Aussagen an.

1. Thriller *(m)*

   ⊗ kommt aus dem (nschegliEn) Englischen, wo das Verb „schauern, ergreifen, erschüttern" bedeutet

   ○ aus dem Gr_ _ch_sch_n mit der Bedeutung (gnunpanS) „__________"

   ⊗ bezieht sich als (nguttGa) __________ sowohl auf l_t_r_r_sch_ W_rk_ als auch auf F_lm_

2. Kino *(n)*

   ○ Kurzform von K_n_m_t_gr_ph(_ _), altgriechisch „(nggueweB) __________ zeichnen"

   ○ zuerst in den USA _rf_nd_n, danach in _ _r_p_, wo die Brüder Lumière 1895 ihren „cinématographe" vorstellten

   ○ andere (guncheizBe) __________ für Sp_ _lf_lm_

3. Roman *(m)*

   ○ aus dem L_t_ _n_sch_n stammender (ffigrbeelmmSa) __________ für L_t_r_t_r

   ○ längere Pros_ _rz_hl_ng in der „lingua romana", der (cheasprlksVo) __________

   ○ aus dem (enschösizanFr) __________, wo sich die Bezeichnung im 17. Jahrhundert _t_bl_ _rt_

4. Regie *(f)*

   ○ vom l_t_ _n_sch_n Verb „regieren" bzw. vom fr_nz_s_sch_n Nomen „Verwaltung, v_r_ntw_rtl_ch_ L_ _t_ng"

   ○ indirekte St_ _ _r zur Zeit des _bs_l_t_sm_s

   ○ (ionnktfungstueiL) __________ in der Wirtschaft

D5 Kunst und Geist – Unterschiedliche Adjektive derselben Wortfamilie

Bilden Sie aus jedem Nomen zwei Adjektive mit unterschiedlichen Suffixen (*-ig, -isch, -lich*) und ergänzen Sie das passende Adjektiv in der richtigen Form. Ordnen Sie den Adjektiven 1–10 die passenden Erklärungen a–j zu.

Farbe • Geist • ~~Kunst~~ • Kunst • Mund • Verstand

1. Die *künstlerische* Gestaltung des Films verdient hervorgehoben zu werden.
2. Das so berühmte wie umstrittene Kölner Domfenster von Gerhard Richter besteht aus unzähligen ______________ Quadraten, die ein buntes Lichtspiel erzeugen.
3. Urheberrechte fallen unter den Begriff des ______________ Eigentums.
4. Bei Märchen, Sagen und Mythen ist die ______________ Überlieferung die Hauptquelle.
5. Der Text ist auch im Original schwer ______________.
6. Viele große Komponisten wie Bach, Mozart oder Beethoven haben bedeutende ______________ Musikwerke komponiert.
7. Theateraufführungen in der Antike fanden tagsüber im Freien statt, sodass keine ______________ Lichtquellen nötig waren.
8. Das Publikum erwies sich nicht nur als fachkundig, sondern war auch aufmerksam und ______________.
9. Der ______________ Leser von heute ist eine Person, die sich selbst ein Urteil bilden kann und ernst genommen werden will.
10. Das Mobiliar der ehemaligen Schlossräume harmoniert ______________ perfekt mit dem hellen Eichenboden.

a) verständnisvoll
b) Gegenteil von natürlich
c) nicht schriftlich
d) bunt
e) so, dass man es verstehen kann
f) selbstbestimmt
g) kirchlich
h) einem Künstler entsprechend
i) die Farbe betreffend
j) immateriell

1	2	3	4	5	6	7	8	9	10
h									

D6 Kunstfälschung: Wolfgang Beltracchi

Ergänzen Sie das passende Wort in der richtigen Form.

auffliegen • Betrug • diesmal • Echtheit • enttarnen • fälschen • folgenschwer • fortan • gesellschaftlich • hochrangig • imitieren • ~~Jahrhundertfälscher~~ • klassisch • Kunstfälschung • langweilen • Maltalent • Namen • Narr • passend • Stil • täuschen • umfassend • unruhig • verraten • verurteilen • vorzeitig

Er wird als (1) *Jahrhundertfälscher* bezeichnet: Wolfgang Beltracchi, der Maler, der die deutsche Kunstwelt zum (2) ______________ hielt, bis er wegen einer Kleinigkeit (3) ______________. Geboren wurde er 1951 als Wolfgang Fischer. Mit seinem außergewöhnlichen (4) ______________ ist er schon als Jugendlicher aufgefallen. Er besuchte eine Kunstschule, die ihn aber (5) ______________. Danach folgten (6) ______________ Wanderjahre, in denen er sich zum (7) ______________ Einzelgänger entwickelte. Mit über vierzig Jahren lernte er seine Frau Helene kennen, nahm bei der Heirat 1993 ihren (8) ______________ an und hieß (9) ______________ Beltracchi. Mit ihr zusammen begann er, systematisch und im großen (10) ______________ die Kunstwelt zu (11) ______________. Seine (12) ______________ gingen an Auktionshäuser und brachten dort Millionen. Es gelang ihnen über lange Zeit, (13) ______________ Kunstexperten sowie Journalisten von der (14) ______________ seiner Bilder zu überzeugen. Er (15) ______________ den Stil von etwa hundert Künstlern, darunter Meistern der (16) ______________ Moderne wie Monet oder Picasso, und (17) ______________ ihre Signaturen. Die Fälschungen wurden nur teilweise (18) ______________. 2010 unterlief ihm eine (19) ______________ Unachtsamkeit. Ein nicht zur Entstehungszeit des Bildes (20) ______________ Inhaltsstoff einer Farbe (21) ______________ ihn. Beltracchi wurde angeklagt und 2011 wegen (22) ______________ und Urkundenfälschung zu sechs Jahren Haft (23) ______________. Die kurze Prozessdauer und die milde Strafe hat er seinem (24) ______________ Geständnis zu verdanken. 2015 (25) ______________ entlassen, lebt er heute mit seiner Frau in der Schweiz, wo er weiter erfolgreich malt – (26) ______________ unter seinem eigenen Namen.

D7 In der Freizeit – Nomen aus dem Wortfeld *Freizeit*

Jeweils ein Wort passt nicht in die Reihe. Streichen Sie.

1. Freizeitbeschäftigung: Hobby – Leidenschaft – Liebhaberei – Passion – Steckenpferd (*ugs.*) – ~~Veranstaltung~~ – Zeitvertreib
2. Kulturprogramm: Ausstellung – Kino – Konzert – Lesung – Vorfall – Vortrag – Vorstellung
3. Erholung: Ausgleich – Auszeit – Bürde – Entspannung – Muße – Regeneration – Ruhepause
4. Sport: Bewegung – Bodystyling – Fitness – Gymnastik – Körperkultur – Trägheit – Training

Ergänzen Sie das passende Nomen von oben in der richtigen Form.

a) Autos sind seine große *Leidenschaft.*

b) In verschiedenen ______________ stellen sich junge Autoren dem Publikum vor.

c) Manchmal ist es notwendig, eine längere ______________ vom Job zu nehmen.

d) Als ______________ zur Arbeitsbelastung macht sie regelmäßig Yoga.

e) Schon mit etwas ______________ im Alltag kann man seine ______________ steigern.

f) Als Kind war mein liebster ______________, mit dem Hund zu spielen.

g) Der Trainerjob war nie sein ______________, sondern nur eine Notlösung.

h) Für ein effektives ______________ und für die notwendige ______________ des Körpers sind ______________ zwischen den Einheiten unerlässlich.

i) Ihre Malerei war reine ______________ und diente nicht dem Gelderwerb.

D8 Mußestunden – Wortfamilie *Muße*

Ergänzen Sie das passende Wort der Wortfamilie *Muße* in der richtigen Form und kreuzen Sie die richtige Bedeutungserklärung an.

Muße • ~~Mußestunde~~ • Mußezeit • müßig (2x) • Müßiggang (2x) • Müßiggänger

1. Sie verbringt ihre Mußestunden gern in der Sauna. ○ In der Sauna möchte sie nichts tun. ⊗ Wenn sie Zeit hat, geht sie gern in die Sauna.
2. Es ist __________, über den Ausgang der Umfrage zu spekulieren.
   ○ Es bringt nichts, … ○ Es ist langweilig, …
3. Er ist ein elender ________________.
   ○ Er ist ein totaler Nichtsnutz. ○ Ihm gelingt alles ohne Mühe.
4. Das sind __________ Fragen. ○ Diese Fragen sind leicht zu beantworten.
   ○ Das sind überflüssige und sinnlose Fragen.
5. Ich habe noch keine _______ gefunden, die Fotos anzuschauen. ○ Ich habe noch keinen ruhigen Moment gefunden, … ○ Es kostet mich zu viel Kraft, …
6. ______________ wird oft als hohe Kunst bezeichnet.
   ○ Leben auf Kosten anderer … ○ Bewusstes Nichtstun …
7. Wir benötigen mehr ________________.
   ○ … mehr Zeit zur Entspannung. ○ … mehr Urlaub.
8. ______________ ist aller Laster Anfang. (*Sprichwort*)
   ○ Faulheit ist der Beginn des Niedergangs. ○ Nichtstun ist ein guter Anfang.

Tipp

Die wenigen Wörter der Wortfamilie *Muße* zeichnen sich durch gegenteilige Bedeutungen aus. Während *Muße* (f) immer positiv konnotiert ist, sind *müßig* und seine Ableitungen oft negativ.
Muße haben = innere Ruhe und Zeit haben
ein müßiges Leben führen = untätig und ohne sinnvolle Beschäftigung sein
Die Wortfamilie *Muße* gehört einer gehobenen Stilebene an. Insbesondere die Ableitungen *Müßiggänger* (m) und *müßiggängerisch* finden sich vor allem in (älteren) schriftsprachlichen Texten.

D

D9 Zeit ist Geld. – Redewendungen zum Thema *Zeit*

Ergänzen Sie das passende Wort in der richtigen Form. Ordnen Sie den Redewendungen 1–13 die passenden Umschreibungen a–m zu.

all- • Gebot • ~~Geld~~ • gestern • halb • Jahr • kommen • Puppe • Rat • reif • Stunde • Zeichen • Zeit

1. Zeit ist Geld. (*Sprichwort*)
2. Das Haus ist bereits in die ___________ gekommen.
3. Du solltest die Gunst der ___________ nutzen.
4. Ich bin die längste ___________ dein Freund gewesen.
5. Er lässt nur ___________ Jubeljahre etwas von sich hören.
6. Deine Zeit ___________ noch.
7. Die Zeit ist ___________ für Neues.
8. Das ist das ___________ der Stunde.
9. Die Ideen sind von ___________.
10. Sie hat die ___________ der Zeit erkannt.
11. Sie haben mal wieder bis in die ___________ gefeiert.
12. Wir mussten eine ___________ Ewigkeit warten.
13. Kommt Zeit, kommt ___________. (*Sprichwort*)

a) Ihre Party ging bis spät in die Nacht.
b) Du wirst deine Chance bekommen und eines Tages erfolgreich sein.
c) Genau das ist in der momentanen Situation wichtig.
d) Sie hat die aktuelle Situation richtig eingeschätzt.
e) Wenn man geduldig abwartet, wird sich eine Lösung finden.
f) Sie sind längst nicht mehr aktuell.
g) Er meldet sich extrem selten.
h) Es dauerte sehr lange.
i) Es ist schon recht alt.
j) Ich bin nicht mehr mit dir befreundet.
k) Du solltest die Gelegenheit wahrnehmen.
l) Jetzt muss endlich etwas anderes kommen.
m) Man sollte seine Zeit sinnvoll nutzen.

1	2	3	4	5	6	7	8	9	10	11	12	13
m												

E Arbeit und Digitalisierung

E1 Lernen und Arbeiten – Synonyme Verben für *machen/tun*

Ersetzen Sie das Verb *machen/tun* durch ein passendes anderes Verb in der richtigen Form.

~~absolvieren~~ • begehen • bereiten • einlegen • erledigen • erstellen • erzielen • unternehmen

1. Mancher Schüler möchte nach dem Abitur lieber eine Ausbildung *machen/*absolvieren als ein Studium beginnen.
2. Beim Deutschlernen *machen/*____________ komplizierte Grammatikregeln oft weniger Schwierigkeiten als der richtige Artikel eines Nomens.
3. Damit das Lernen effektiv ist, sollte man ausreichend Lernpausen *machen/*____________, um sich zu erholen und das Gelernte zu festigen.
4. Beim Lernen kann es helfen, einen Plan zu *machen/*____________, was wann zu *tun/*____________ ist.
5. Es gibt verschiedene Möglichkeiten, etwas gegen die Arbeitslosigkeit in einzelnen Regionen Deutschlands zu *tun/*____________.
6. Jeder Fehler, den man im Umgang mit Kunden *macht/*____________, schadet letztendlich dem Unternehmen.
7. Würde ein Unternehmen keinen Gewinn *machen/*____________, könnte es sich nicht weiterentwickeln oder Rücklagen bilden.

Tipp

Die Verben *machen/tun* sind so unspezifisch, dass sie je nach Kontext durch sehr unterschiedliche Verben oder andere Ausdrücke ersetzt werden können, die idiomatisch und stilistisch manchmal schöner sind.
Ich mache Kaffee. = Ich koche Kaffee. / Wir können nichts dagegen tun/machen. = Wir können nichts dagegen unternehmen.
Das Verb *tun* wird auch in vielen festen, meist umgangssprachlichen Ausdrücken verwendet: *Der Hund tut nichts. = Der Hund beißt nicht.*

E2 Man tut, was man kann. – *tun* in idiomatischer Verwendung

Ordnen Sie den Wendungen 1–10 mit *tun* die passenden Umschreibungen a–j zu.

1. Mit zwei Bewerbungen ist es nicht getan.
2. Er will mit seiner intriganten Kollegin nichts mehr zu tun haben.
3. Sein Chef tut ihm nichts.
4. Im Online-Marketing hat sich viel getan.
5. Die Werbekampagne hat ihre Wirkung getan.
6. Das tut dem Projekt keinen Abbruch.
7. Der Laptop tut es noch.
8. Die Firma hat mit dem Skandal nichts zu tun.
9. Das tut nichts zur Sache.
10. Man tut, was man kann.

a) Man versucht sein Mögliches. Man gibt sein Bestes.
b) Sie hatte den gewünschten Effekt. Sie war erfolgreich.
c) Da ist viel passiert. Da hat sich viel verändert.
d) Das ist hier unwichtig. Das gehört nicht dazu.
e) Man kann ihn noch verwenden.
f) Sie ist nicht darin involviert.
g) Das schadet ihm nicht.
h) Er möchte keinen Kontakt mehr zu ihr und meidet sie.
i) Er lässt ihn in Ruhe arbeiten.
j) Das reicht nicht aus.

1	2	3	4	5	6	7	8	9	10
j									

E3 Wirtschafts- und Berufsleben – Nomen aus der Wortfamilie *sehen*

Ergänzen Sie das passende Nomen im Satz und ggf. ein zweites Mal im Kompositum.

~~Absicht~~ • Ansehen • Ansicht • Aufsehen • Aufsicht • Aussicht • Einsicht • Nachsehen • Nachsicht • Übersicht • Versehen • Vorsicht • Weitsicht • Zuversicht

1. Ich habe nicht die Absicht, zu kündigen. / Kündigungsabsicht
2. Der Betriebsrat ist der ______________, dass die Kündigung unrechtmäßig war. ______________sache.
3. Die Abmahnung war ein ______________ und wird zurückgenommen.

4. Mit seinen provokanten Werbeplakaten hat das Unternehmen viel ______________ erregt. / ______________erregend

5. Die Werbeagentur hat durch ihre Aktionen massiv an ______________ verloren. ______________verlust

6. Das Forschungsprojekt steht unter strenger wissenschaftlicher ______________. ______________pflicht

7. Das Projekt ist so komplex, dass der einzelne Mitarbeiter schnell die ______________verliert. / ______________plan

8. Rezessionsbedingt sind für die meisten Unternehmen die ______________ für das kommende Halbjahr weniger günstig als erwartet. Geschäfts______________

9. In wirtschaftlich schwierigen Zeiten haben kleinere Betriebe oft das ______________.

10. In der Krise müssen Personalmanager Vertrauen und ______________ ausstrahlen.

11. Jeder Mitarbeiter hat das Recht, ______________ in seine Personalakte zu nehmen. Akten______________

12. Manche Kollegen werden mit mehr ______________ behandelt als andere.

13. Bei der Beschäftigung von externen Mitarbeitern ist in Hinsicht auf Datensicherheit besondere ______________ geboten. / ______________maßnahme

14. Erfolgreiche Unternehmen planen flexibel, verantwortungsbewusst und mit ______________.

Tipp

Die Nomen der Wortfamilie *sehen* werden mit dem nominalisierten Infinitiv *Sehen* (n) oder dem eigenständigen Nomen *Sicht* (f) gebildet.
aussehen → das Aussehen, übersehen → die Übersicht, Sicht → die Zuversicht
Manchmal gibt es beide Wortbildungstypen, die mit unterschiedlichen Bedeutungen einhergehen: *das Aussehen* (= das äußere Erscheinungsbild) → *die Aussicht* (= der Ausblick)
Es gibt auch die Nomenbildung mit Suffix *-ung*: *die Vorsehung* (= die göttliche Bestimmung)

E4 Informationssicherheit – Wortfeld *Datenschutz*

Wie heißen die Wörter? Bringen Sie die Buchstaben in die richtige Reihenfolge oder ergänzen Sie die fehlenden Vokale.

Datenschutz: Mit dem Begriff Datenschutz ist der Schutz (1) (nergezobenensoper) personenbezogener Daten gemeint. Damit sollen (2) Persönlichkeitsrechte geschützt und informationelle (3) S__lbstb__st__mm__ng garantiert werden. (4) (tetragaufbeschutztenDa) ______________________, die es auf Betriebs-, Landes- und (5) B__nd__s__b__n__ gibt, kontrollieren die Einhaltung von (6) (zensetgeschutztenDa) ______________________.

Datensicherheit: Datensicherheit bezieht sich auf den Schutz sämtlicher (7) d__g__t__l__r und (8) __n__l__g__r Informationen, auch ohne (9) (zugbenensoPer) ______________________, der mit entsprechenden (10) t__chn__sch__n oder (11) __rg__n__s__t__r__sch__n Maßnahmen (12) (tetleiswährge) ______________________ werden soll. Ziel ist es, zu verhindern, dass (13) __nb__f__gt__ Zugang zu Daten erhalten und diese weitergeben, (14) (renliepunima) ______________________ oder löschen können.

Datenmissbrauch: Unter Datenmissbrauch versteht man die (15) kr__m__n__ll__ Nutzung von (16) (nenlestohge) ______________________ Daten. Dem Datenmissbrauch geht der (17) D__t__nd__ __bst__hl oder (18) D__t__nkl__ __ voran. Daten können aber auch (19) __ll__g__l erworben werden. (20) __pf__r sind nicht nur (21) (nensopervatPri) ______________________, sondern oft auch große Unternehmen. Unter Datenmissbrauch fällt beispielsweise (22) (trugbetenkarditKre) ______________________.

E5 Vertrauliche Daten – Wortfeld *Daten*

Welcher Ausdruck passt nicht in den Kontext? Streichen Sie.

1. Ihre Daten werden *anonym/~~treu~~/vertraulich* behandelt.
2. Sensible Personendaten sind besonders *geschützt/gesichert/versichert*.
3. Es erfolgt keine *Weitergabe/Weiterführung/Weiterleitung* von Daten an Dritte.
4. Dritte erhalten keinen *Eingang in/Zugang zu/Zugriff auf* Ihre Daten.
5. Sie können der *Erledigung/Nutzung/Verarbeitung* Ihrer Daten jederzeit widersprechen.

E6 Was ist ein „Trojaner"? – Wortgeschichte

Ergänzen Sie das passende Wort in der richtigen Form.

ablaufen • anspielen • besiegeln • Computervirus • einschleusen • funktionieren • hölzern • identifizieren • Krieg • Malware • Nutzerdaten • nützlich • ~~Pferd~~ • schädlich • Schadprogramm • unbedacht • Untergang • unüberschaubar • Zugang • zwangsläufig

„Trojaner" ist die Kurzform für „Trojanisches (1) Pferd". Das Wort stammt aus der englischen Computersprache und bezeichnet ein bestimmtes (2) ________, das ähnlich (3) ________ wie das trojanische Pferd aus der griechischen Mythologie. Mit einem riesigen (4) ________ Pferd, in dem Krieger versteckt waren, (5) ________ die Griechen den (6) ________ Trojas und beendeten den Trojanischen (7) ________.

Der „Computer-Trojaner" (8) ________ auf diese Sage ____. Das Programm ist als (9) ________ Anwendung getarnt, während im Hintergrund (10) ________ Prozesse (11) ________. Durch (12) ________ Herunterladen solcher (13) ________ kann Unbefugten der (14) ________ zum System und damit das Abgreifen von (15) ________ ermöglicht werden. Trojaner sind nicht identisch mit (16) ________, können diese jedoch (17) ________. Moderne Anti-Viren-Programme (18) ________ die verschiedensten Arten von Schadsoftware, wobei sie der (19) ________ Entwicklung von Viren und Trojanern (20) ________ hinterherhinken.

E7 Onlinesüchtig – Zusammengesetzte Adjektive

Ergänzen Sie den zweiten Teil der Adjektive.

-bedürftig • -bereit • -bewusst • -fähig • -fern • -fertig • -frei • -freundlich • -gerecht • -günstig • -mäßig • -pflichtig • -sicher • ~~-süchtig~~ • -trächtig • -wertig • -widrig • -würdig

1. Immer mehr Jugendliche sind online*süchtig*.
2. Die tägliche Internetnutzung bei Jugendlichen ist oft grenz__________lang.
3. Entscheidend ist der verantwortungs__________ Umgang mit dem Internet.
4. Computerspiele sollen alters__________ sein.
5. Virtuelle Räume sind nicht automatisch realitäts__________.
6. Vor leicht__________ Umgang mit persönlichen Daten im Internet wird gewarnt.
7. Die Hinweise zum Datenschutz sind teilweise erklärungs__________.
8. Was in der analogen Welt gesetzes__________ ist, ist es auch in der digitalen.
9. Das Internet ist kein rechts__________ Raum.
10. Manche Lernplattformen sind nicht besonders benutzer__________.
11. Es gibt kostenlose und kosten__________ Lernportale.
12. Die meisten Übersetzungsprogramme sind verbesserungs__________.
13. Digitale Geschäftsmodelle sind zukunfts__________.
14. Man unterscheidet zwischen privatem und berufs__________ Bloggen.
15. Heutzutage sind nahezu alle Fernsehgeräte internet__________.
16. Ein neues Smartphone ist nicht sofort betriebs__________.
17. Gebrauchte Laptops sind oft sehr preis__________
18. Digitale Unterschriften müssen fälschungs__________ sein.

Tipp

Bestimmte Adjektive können mit Nomen oder Verben zu neuen Adjektiven zusammengesetzt werden. Dabei bleibt die Bedeutung des adjektivischen Grundwortes auch in der Zusammensetzung erhalten, oft in abstrakter und abgeschwächter Form:
bereit → startbereit, fähig → straffähig, schwach → umsatzschwach
Fugenelemente sind möglich: *nah → kundennah, kräftig → zahlungskräftig*

E8 Rund ums Internet – Nomen aus dem Wortfeld *Internet*

Ordnen Sie die Ausdrücke aus dem Wortfeld *Internet* in die Tabelle ein.

~~Anbieter~~ • Computerviren • Datenübertragung • Hackerangriff • Identitätsdiebstahl • Internet der Dinge • IP-Adresse • künstliche Intelligenz • Kryptowährungen • Lernportale • Netzwerk • Onlinebetrug • soziale Netzwerke • Sprachassistenten • Vergleichsportale • (softwarebasierte) Videokonferenzen • WLAN

Internet	*Anbieter*, ____________ ____________
Digitalisierung	____________ ____________
Digitale Plattformen	____________ ____________
Internet-kriminalität	____________ ____________

Wählen Sie den passenden Ausdruck von oben aus und ergänzen Sie ihn in der richtigen Form. Ergänzen Sie auch die fehlenden Vokale in den Nomen.

1. Vom jeweiligen *Anbieter* und der V*e*rb*i*nd*u*ngs*a*rt hängt es ab, wie hoch die Geschwindigkeit der ____________ im Internet ist.
2. Der Vorteil von ____________ ist neben K_st_n_rsp_rn_s die Unabhängigkeit vom Standort sowie die schnelle _rr_ _chbark_ _t.
3. ____________ existieren in vielfältigen Formen und haben ein riesiges Sch_d_nsp_t_nt_ _l. Dabei werden S_ch_rh_ _tsl_ck_n in Systemen aufgespürt und attackiert, z.B. mittels ____________.
4. Hoch entwickelte _lg_r_thm_n sind die Grundlage für ____________ ____________. Mit ihrer Hilfe funktionieren z.B. ____________.
5. Unternehmen nutzen ____________ als wichtige W_rb_k_n_l_, ohne die zeitgemäßes M_rk_t_ng nicht mehr möglich wäre.

E

E9 Berufe mit Zukunft – Wortfeld *Onlineberufe*

Ergänzen Sie die fehlenden Wörter in der richtigen Form und ordnen Sie den Berufsbeschreibungen 1–5 die Berufsbezeichnungen a–e zu.

bespielen • Blogger • Datenschutz • fernsteuerbar • firmenspezifisch • Funktionsweise • optimieren • pflegen • ~~Präsenz~~ • sensibel • Sicherung • Strategie • Vernetzung • unterweisen • verschlüsseln • zukunftsweisend

1. Er kümmert sich um die _Präsenz_ des Unternehmens in den sozialen Medien und ________ den Kontakt zu den Kunden. Dafür kooperiert er z. B. mit ____________ und füllt die Plattformen mit ________________ Inhalten.
2. Als Verantwortlicher für Datenschutz im Unternehmen ist es seine Aufgabe, ______________ zur ____________ der Daten zu entwickeln. Er gibt Verhaltensregeln vor, ______________ und überprüft Mitarbeiter.
3. Es handelt sich um einen Beruf im ________________, für den Mathematiker oder Informatiker gefragt sind. Sie sollen ____________ Daten so ________________, dass Hacker keine Chance haben.
4. Sogenannte smarte Geräte sind ________________. Über eine App werden Dinge im Haus ______________ gemacht. Dazu ist die richtige ______________ und Programmierung von Spezialisten notwendig.
5. In diesem Beruf setzt man sich mit der speziellen ______ ______________ von Online-Shops auseinander. Man erlernt, wie geeignete Webportale erstellt, __________ und immer wieder ____________ werden.

a) Kryptologe

b) KI-Entwickler

c) Kaufmann im E-Commerce

d) Social-Media-Manager

e) IT-Sicherheitsmanager

1	2	3	4	5
d				

E10 Feierabend! – Redewendungen zum Thema *Arbeit*

Ergänzen Sie das passende Wort in der richtigen Form. Ordnen Sie den Redewendungen 1–13 die passenden Umschreibungen a-m zu.

echt • Eisen • fangen • ~~Feierabend~~ • Hand • kochen • lang •
ruhig • Straße • Stück • Treppe • Vitamin • Zielgerade

1. Wir machen jetzt *Feierabend*!
2. Er wurde von heute auf morgen auf die __________ gesetzt.
3. Du gehörst noch lange nicht zum alten __________.
4. Sie schiebt eine __________ Kugel.
5. Das Projekt befindet sich auf der __________.
6. Er ist ein __________ Arbeitstier.
7. Sie schieben alles auf die __________ Bank.
8. Die Konkurrenz __________ auch nur mit Wasser.
9. Da liegt noch ein hartes __________ Arbeit vor uns.
10. Ich habe auch nur zwei __________
11. Sie ist die __________ hinaufgefallen.
12. Er ist mit __________ B zu seinem Job gekommen.
13. Der frühe Vogel __________ den Wurm. (*Sprichwort*)

a) Sie stresst sich nicht.
b) Sie hat ohne eigene Leistung Karriere gemacht.
c) Sie hat auch keine besseren Mittel und Möglichkeiten.
d) Wir beenden den Arbeitstag.
e) Ich gebe schon mein Bestes, mehr ist nicht möglich.
f) Du wirst noch gebraucht.
g) Er hat die Stelle durch persönliche Beziehungen bekommen.
h) Ihm wurde völlig unvorbereitet gekündigt.
i) Wer sich frühzeitig um seine Sachen kümmert, ist im Vorteil.
j) Er arbeitet extrem viel und lange.
k) Es steht kurz vor dem Abschluss.
l) Wir haben es noch lange nicht geschafft.
m) Es dauert sehr lange, bis sie etwas erledigen.

1	2	3	4	5	6	7	8	9	10	11	12	13
d												

F Staat und Gesellschaft

F1 Die Bundesrepublik Deutschland – Wortfeld *Staat*

Wie heißen die Wörter? Ergänzen Sie die fehlenden Vokale. Kreuzen Sie dann jeweils die beiden richtigen Aussagen an.

1. Deutschland ist ⊗ eine föderale und parlamentarische Demokratie. ⊗ ein R__chtsst__ __t, in dem sich der Staat und alle Bürger an die G__s__tz__ h__lt__n müssen. ○ ein s__z__ __l__st__sch__r St__ __t__nb__nd.
2. Die Gewaltenteilung in L__g__sl__t__v__, __x__k__t__v__ und J__d__k__t__v__ ○ ist ein Pr__nz__p der D__m__kr__t__ __. ○ sorgt für M__chtb__gr__nz__ng und verhindert M__chtm__ssbr__ __ch. ○ ist nicht im Gr__ndg__s__tz v__r__nk__rt.
3. Der Bundespräsident ○ ist das St__ __ts__b__rh__ __pt und der erste Bürger im Staat. ○ wird alle fünf Jahre vom V__lk g__w__hlt. ○ hat vor allem r__pr__s__nt__t__v__ und v__lk__rr__chtl__ch__ Aufgaben.
4. Die Länder ○ sind nicht auf B__nd__s__b__n__ v__rtr__t__n. ○ haben eigene P__rl__m__nt__ und Z__st__nd__gk__ __t__n. ○ teilen sich mit dem Bund die __ __s__b__ng der St__ __tsg__w__lt.
5. ○ Der Bundestag hat die Aufgabe der G__s__tzg__b__ng (Legislative) und der R__g__ __rungsk__ntr__ll__. ○ Er wird alle vier Jahre vom V__lk g__w__hlt. ○ Im Bundestag sind alle p__l__t__sch__n Parteien v__rtr__t__n.
6. Der Bundeskanzler/Die Bundeskanzlerin ○ wird bei den B__nd__st__gsw__hl__n gewählt. ○ kann höchstens zwei W__hlp__r__ __d__n r__g__ __r__n. ○ bildet zusammen mit den B__nd__sm__n__st__rn die R__g__ __r__ng (Exekutive).
7. ○ Im Bundesrat sind alle 16 L__nd__r v__rtr__t__n. ○ Jedes Land stellt pr__p__rt__ __nal zur __ __nw__hn__rz__hl drei bis höchstens sechs V__rtr__t__r. ○ Der Bundesrat wird alle vier Jahre vom Volk n__ __ g__w__hlt.
8. ○ In allen Gerichten (Judikative) sitzen __n__bh__ng__g__ R__cht__r. ○ R__cht__r können nicht __bg__l__hnt werden. ○ Das __b__rst__ Gericht ist das B__nd__s-v__rf__ss__ngsg__r__cht, dessen __ntsch__ __d__ng__n b__nd__nd sind.

F2 Bürokraten – Nomen auf *-krat*

Ergänzen Sie die fehlenden Wörter in der richtigen Form und ordnen Sie den Personenbezeichnungen 1–6 die passenden Umschreibungen a–f zu.

Belange • herrschend • hierarchisch • konsequent • Macht • Prinzip • rational • Reichtum • starr • ~~Überzeugung~~ • uneingeschränkt • Volk

1. Demokrat
2. Autokrat
3. Plutokrat
4. Eurokrat
5. Technokrat
6. Bürokrat

a) Er verkörpert strenge Reglementierungen, __________ Prinzipien und __________ Dienstwege, wie sie in der Verwaltung üblich sind.

b) Für ihn haben die __________ der EU oberste Priorität und werden __________ nach außen verteidigt.

c) Sein __________ und leidenschaftsloses Handeln folgt dem naturwissenschaftlichen __________ des Funktionierens.

d) Er steht für __________ Ausübung von __________, ohne Rücksicht auf andere und deren Meinung.

e) Er ist Teil einer __________ Klasse, deren Macht und politischer Einfluss auf __________ beruht.

f) Er vertritt die *Überzeugung*, dass der politische Wille des __________, der durch Mehrheit bestimmt wird, zu respektieren ist.

1	2	3	4	5	6
f					

Tipp

Alle fremdsprachigen Nomen mit dem Suffix *-krat (-kratin)* bezeichnen Personen, die im Sinne des griechischen Nomens *kratos* (= Herrscher, Anhänger) von ihrer Tätigkeit bestimmt sind oder einer bestimmten Gruppe angehören: *der Aristokrat/die Aristokratin* (= Adelsherrscher/-in, Angehörige(r) der Aristokratie)

F3 Fakten aus Deutschland – Adjektivsynonyme im Kontext

Ersetzen Sie die kursiv gedruckten Adjektive durch passende andere Adjektive in der richtigen Form.

ausgedehnt • ausreichend • ausschlaggebend • beharrlich • beständig • beträchtlich • drastisch • ~~ehrenamtlich~~ • gängig • grundlegend • lebensbedrohlich • überkommen • vordringlich • zielstrebig

1. Die Anzahl der Deutschen, die sich in verschiedenen gesellschaftlichen Bereichen *freiwillig*/ ehrenamtlich engagiert, nimmt *stetig*/__________ zu.
2. Die Lebenswelten von Männern und Frauen in Deutschland nähern sich an, wobei *herkömmliche*/__________ Rollenbilder aufgebrochen werden. Es ist z. B. *selbstverständlicher*/__________ als früher, viele Dinge gemeinsam zu regeln.
3. Eine *beachtliche*/__________ Mehrheit der Deutschen unterstützt die Energiewende und den *ambitionierten*/__________ Ausbau der erneuerbaren Energien, der zum Klimaschutz beitragen soll.
4. In Deutschland muss weiter *hartnäckig*/__________ für eine Organspende geworben werden, da der Bundestag eine *radikale*/__________ Reform abgelehnt hat.
5. Ein *vorrangiges*/__________ Anliegen deutscher Politik ist die Integration von Migranten, da sie *entscheidend*/__________ für das friedliche Zusammenleben in der Gesellschaft ist.
6. Die Überalterung der Gesellschaft hat einen *erheblichen*/__________ Anstieg pflegebedürftiger Menschen zur Folge, die *angemessen*/__________ versorgt werden müssen.
7. Deutschland hat ein *umfassendes*/__________ Sozialnetz und ein gut funktionierendes Versicherungssystem hervorgebracht, mit dem es seine Bürger vor *existenziellen*/__________ Risiken schützt.

F4 Wann spricht man von „Inklusion“? – Wortgeschichte

Ergänzen Sie das passende Wort in der richtigen Form.

anstreben • Ausgrenzung • ausschließen • Behinderung • benachteiligen • beschulen • diskriminiert • Einbeziehen • erfahren • Exklusion • formulieren • ~~gesamtgesellschaftlich~~ • Gesellschaft • gleichermaßen • Herkunft • Integration • komplementär • selbstbestimmt • separat • Sonderschule • Teilhabe • Zugang

Inklusion ist eine politische und (1) *gesamtgesellschaftliche* Aufgabe, die in den letzten Jahren verstärkte Aufmerksamkeit in der Schulpädagogik (2) ____________ hat. Seit der UNESCO-Weltkonferenz 1994 in Salamanca wird der Begriff „Inklusion“ vor allem dann verwendet, wenn es um Menschen mit (3) ____________ und ihren (4) ____________ zu Bildungsmaßnahmen geht. Das Wort bedeutet so viel wie „(5) ____________, Zugehörigkeit“ und ist als (6) ____________ Begriff zu Exklusion zu verstehen, was mit „(7) ____________, Ausschluss“ zu übersetzen ist. Beide Wörter gehen auf das Lateinische zurück. Übergreifend meint Inklusion das (8) ____________ ausgegrenzter und (9) ____________ Menschen in die (10) ____________ und die Ermöglichung gleichberechtigter und (11) ____________ Teilhabe in allen Bereichen. Seit 1994 steht im Grundgesetz, dass „niemand wegen seiner Behinderung (12) ____________ ____________ darf“. Ähnliches wurde in Salamanca vor allem für den Bereich der Schulbildung (13) ____________. Alle Kinder sollen unabhängig von ihrer (14) ____________ und ihren Fähigkeiten (15) ____________ gefördert werden. In Deutschland begann man Ende des 19. Jahrhunderts, Kinder mit Lernbehinderungen an (16) ____________ zu unterrichten. Sie wurden nicht mehr von Bildung (17) ____________. Obwohl es keine (18) ____________ mehr gab, war man noch weit von Inklusion entfernt. Ab den 1960er Jahren baute man das Sonderschulsystem aus, um Kinder mit Förderbedarf (19) ____________ zu (20) ____________. Erst auf dem Arbeitsmarkt erfolgte die (21) ____________. Inklusion wird heute für das gesamte Schul- und Bildungssystem (22) ____________ und reicht viel weiter als Integration.

F5 Scheine und Bescheinigungen – Wortfamilie *scheinen*

Welche Nomenkomposita aus der Wortfamilie *scheinen* sind gemeint? Schreiben Sie die Nomen richtig und ergänzen Sie die Artikel.

1. Nachweis, dass man nicht mehr in der Lage ist, zu arbeiten:
   die (ngguischeinbetskeiigfähuntsbeiAr) Arbeitsunfähigkeitsbescheinigung
2. Nachweis der Berechtigung, selbstständig im Handel oder Handwerk beruflich tätig zu sein: _____ (scheinbeerwGe) ______________________
3. Überprüfung der Fahrerlaubnis:
   _____ (leolntrkoscheinerrFüh) ______________________
4. Bestätigung, einen Kurs oder eine Fortbildung absolviert zu haben:
   _____ (ngguischeinbemenahlTei) ______________________
5. Bon mit bestimmtem Geldwert: _____ (scheintgurtWe) ______________________
6. Nachweis über eine freiwillige Geldzuwendung an eine Organisation:
   _____ (ngguischeinbeenndSpe) ______________________
7. Reaktion des Körpers bei Suchtkranken, wenn das Suchtmittel entzogen wird:
   _____ (gunscheinergszutEn) ______________________
8. Jahr der Veröffentlichung: _____ (hrjagsunscheinrE) ______________________
9. Teilgebiet der Mathematik, das sich mit Häufigkeit von Ereignissen beschäftigt:
   _____ (ngnuchretskeichlischeinhrWa) ______________________
10. Beleuchtung im Theater: _____ (errfwescheinnneBüh) ______________________
11. Anzahl der Sonnenstunden: _____ (redauscheinnneSo) ______________________
12. Vision von der Mutter Jesu: _____ (ngunscheinerrienMa) ______________________

Tipp

Das Verb *scheinen* hat die Grundbedeutungen *so aussehen, als ob* und *strahlen*.
Er scheint krank zu sein. / Die Sonne scheint.
Das Nomen *Schein* bedeutet entsprechend *äußerer Eindruck* oder *Lichtschein*, aber auch *konkrete Bescheinigung* oder *Geldschein*.
Der Schein trügt. / im Schein der Laterne / der Führerschein

F6 Vor Gericht – Wortfamilie *scheinen*

Ergänzen Sie das passende Wort aus der Wortfamilie *scheinen* in der richtigen Form.

Anschein • erscheinen • ~~Schein~~ • Schein • scheinbar • Scheinehe • scheinen • Scheinfirma • scheinheilig • Scheinwelt • unscheinbar • Vorschein

1. Der Schein trügt.
2. Der Anwalt __________ nichts gewusst zu haben.
3. Der Angeklagte tat __________.
4. Mit der __________ konnten jahrelang Gelder gewaschen werden.
5. Die Zeugenaussage __________ dem Richter äußerst unglaubwürdig.
6. Allem __________ nach hatte der Angeklagte tatsächlich die Wahrheit gesagt.
7. Nachbarn beschrieben den Mörder als __________ und harmlos.
8. Der __________ so nette Nachbar war in Wirklichkeit ein Verbrecher.
9. Bei den Ermittlungen kamen weitere belastende Indizien zum __________.
10. Der Angeklagte ging nur zum __________ auf die Taktik des Anwalts ein.
11. Das Opfer lebte in einer __________ ohne jeden Bezug zur Wirklichkeit.
12. Jedes Jahr werden zahlreiche __________ aufgedeckt.

Ordnen Sie den Sachverhalten in 1–12 die passende Umschreibung a–l zu.

a) Regelmäßig werden vorgetäuschte, nur formal existierende Ehen entlarvt.
b) Mit der Briefkastengesellschaft wurden illegale Geschäfte verschleiert.
c) Seine Welt stimmte nicht mit der Realität überein.
d) Etwas ist anders, als es auf den ersten Blick aussieht.
e) Die Behauptungen wirkten zweifelhaft.
f) Er galt als unauffällig und ungefährlich.
g) Offensichtlich stimmten seine Aussagen.
h) Man fand neues Beweismaterial.
i) Er versteckte sich hinter einer freundlichen Maske.
j) Anscheinend war er nicht informiert.
k) Er verhielt sich heuchlerisch.
l) Es sah so aus, als ob er das Vorgehen unterstützen würde.

1	2	3	4	5	6	7	8	9	10	11	12
d											

F7 Ich erhebe Widerspruch. – Präfixe *wieder-/wider-*

Ergänzen Sie das richtige Präfix *wieder-* oder *wider-*.

1. Sie können gegen einen amtlichen Bescheid *Wider*spruch erheben.
2. Verträge können innerhalb einer bestimmten Frist ________rufen werden.
3. Die Verwendung von ________verwertbaren Materialien ist ein erklärtes politisches und gesellschaftliches Ziel.
4. Zu________handlungen werden mit einer hohen Geldstrafe geahndet.
5. Bei dem Täter handelt es sich um einen ________holungstäter.
6. Der Prozess wurde nach Jahrzehnten ________aufgerollt.
7. Er hat abscheuliche und ________wärtige Verbrechen begangen.
8. Das Prinzip der ________gutmachung beruht auf der Annahme, dass Strafe kein geeignetes Mittel in der Erziehung ist.
9. Die Weiße Rose gehört zu den bekanntesten ________standsgruppen im Nationalsozialismus.
10. Der Mauerfall 1989 markierte den ersten Schritt zur ________vereinigung.

Tipp

Die Präfixe *wieder-* und *wider-* können vor Verben, Nomen oder Adjektiven stehen, wo *wieder* „noch einmal, zurück" und *wider* „gegen, entgegen" bedeutet.
wiedersehen/widersprechen, Wiedersehen/Widerspruch
In ähnlicher Bedeutung existieren beide Präfixe auch als eigenständige Wörter, *wieder* als Adverb und *wider* als Präposition mit Genitiv:
Es geht ihm wieder besser. / Sie hat wider besseren Wissens gehandelt.

F

F8 In der Europäischen Union – Redewendungen mit Wortpaaren

Was passt? Kreuzen Sie das richtige Wort an und ergänzen Sie es im Wortpaar.

1. Ein Beitritt zur Europäischen Union lässt sich nicht *zwischen Tür und* Angel besprechen. ☒ Angel ○ Fenster ○ Klinke ○ Tor
2. Der EU-Vertrag ist endlich *unter Dach und* ________.
   ○ Akten ○ Daten ○ Fach ○ Papier
3. In der Europäischen Union kann nicht jeder Mitgliedstaat nach Belieben *schalten und* ____________. ○ handeln ○ schelten ○ walten ○ wirken
4. Alle Staaten der Europäischen Union sind *auf Gedeih und* ____________ voneinander abhängig. ○ Glück ○ Verdienst ○ Verderb ○ Verfall
5. Innerhalb der Europäischen Union wird entschieden, was man an ihren Grenzen *tun und* ___________ kann. ○ lassen ○ leisten ○ ruhen ○ trinken
6. Die EU-Ratsvorsitzende hat ihre Ziele *klipp und* _______ benannt.
   ○ klapp ○ klar ○ klein ○ klug
7. Die EU-Abgeordnete gab ihr Mandat *sang- und* _______________ zurück.
   ○ klaglos ○ klanglos ○ stimmlos ○ tonlos

Tipp

Wortpaare, meistens Nomen, aber auch Verben und Adjektive/Adverbien, sind fest miteinander verbunden und in ihrer Bedeutung besonders eindringlich. Dabei verhalten sich beide Wörter in der Regel wie Synonyme, die sich klanglich durch Alliteration oder Reim verstärken können.
mit Müh und Not = unter großen Schwierigkeiten
bei Wind und Wetter = bei jedem Wetter, *auf Schritt und Tritt* = ständig und überall,
klipp und klar = absolut klar, *hegen und pflegen* = liebevoll behandeln
Manche Wörter existieren nur in ihrer Verbindung im Wortpaar:
mit Fug und Recht = mit voller Berechtigung
auf Gedeih und Verderb (Antonyme!) = bedingungslos

F

F9 Hinter Schloss und Riegel – Redewendungen mit Wortpaaren

Ergänzen Sie den fehlenden Teil des Wortpaares und ordnen Sie den Wortpaaren 1–15 die passenden Umschreibungen a–o zu.

einzig • Fug • hoch • Kragen • Leib • Nacht • nichtig • Not • ~~Riegel~~ • Schritt • Sinn • steif • stichfest • Trug • übel

1. Die Täter sitzen *hinter Schloss und* Riegel.
2. Er wird *auf* __________ *und Tritt* polizeilich überwacht.
3. *Mit Müh und* ______ entging er einer Haftstrafe.
4. Die Betrüger verschwanden *bei* __________ *und Nebel.*
5. Sein Leben besteht aus *Lug und* __________.
6. Der Täter handelte *ohne* ________ *und Verstand.*
7. Die Aktion kann sie *Kopf und* __________ kosten.
8. Die Angeklagte beteuert ________ *und fest* ihre Unschuld.
9. Der Beweis wurde vor Gericht für *null und* __________ erklärt.
10. Er wurde *mit* __________ *und Recht* bestraft.
11. Sein Alibi ist *hieb- und* __________.
12. Der jugendliche Täter hat __________ *und heilig* Besserung geschworen.
13. Für den Schaden müssen die Verursacher *wohl oder* __________ aufkommen.
14. Den Freispruch hat sie __________ *und allein* ihrem Anwalt zu verdanken.
15. Er ist mit __________ *und Seele* Richter.

a) mit voller Berechtigung
b) unbeirrbar, mit absoluter Bestimmtheit
c) ausschließlich
d) notgedrungen, zwangsläufig
e) rund um die Uhr
f) ungültig, wertlos
g) lückenlos, unumstößlich
h) mit äußerster Anstrengung
i) mit voller Begeisterung und vollem Einsatz
j) ruinieren, vernichten
k) im Gefängnis
l) heimlich und unbemerkt
m) Lügen, Betrug und Täuschungen
n) völlig planlos und unlogisch
o) feierlich und fest

1	2	3	4	5	6	7	8	9	10	11	12	13	14	15
k														

Teil 2 Grammatik

G Verben

G1 Gute Vorsätze – Zukünftiges

Präsens, Futur I oder Futur II? Verbessern Sie die Verben in der E-Mail.

Sehr geehrte Frau Doktor Mühenhausen,

vielen herzlichen Dank für das in mich gesetzte Vertrauen. Ich gebe (1) mir größte Mühe und hoffe (2), Ihren Erwartungen gerecht zu werden, damit Sie im nächsten Monat beruhigt Ihren Urlaub in Mexiko verbringen können (3).
Im Folgenden schildere (4) ich Ihnen kurz, welche Pläne ich für den Vertretungsmonat habe (5).
Priorität sollten die bereits laufenden Projekte haben, die ich beaufsichtige (6) und von denen ich jeweils Ende der Woche Ergebnisberichte einfordere (7). Die Zahlungen, die während Ihrer Urlaubszeit fällig sind (8), führe ich fristgerecht aus (9). Allerdings versuche (10) ich, die Verhandlungen mit der Firma Plot um einen Monat zu verschieben. Meines Erachtens schließen die zuständigen Kolleginnen und Kollegen die Vorbereitungen für die Gespräche dann erst ab (11).
Nun bleibt (12) mir nur noch, Ihnen zu wünschen, dass Sie in vier Wochen gesund und gut erholt zurückkommen (13). Sicherlich erleben (14) Sie viel und ich freue (15) mich schon jetzt auf die Erzählungen von Ihrer Reise.

Beste Grüße, Annabel Behring

(1) *werde … geben*
(2) ____________
(3) ____________
(4) ____________
(5) ____________
(6) ____________
(7) ____________
(8) ____________
(9) ____________
(10) ____________
(11) ____________
(12) ____________
(13) ____________
(14) ____________
(15) ____________

Tipp

Wenn durch die Angabe eines zukünftigen Zeitpunkts eindeutig klar ist, dass das Ereignis in der Zukunft stattfindet → Präsens
Wenn ein Ereignis zu einem zukünftigen Zeitpunkt abgeschlossen ist → Futur II

G2 Vorbei, verweht, nie wieder? – Zeitformen der Vergangenheit

Präteritum, Perfekt oder Plusquamperfekt? Ergänzen Sie die Lücken in der korrekten Zeitform. Manchmal sind auch zwei Zeitformen möglich. Tipp: Orientieren Sie sich an Aufgabe G3 b) auf S. 71!

Das hat ein jeder schon einmal erlebt (erleben) (1). Man ______ im Familienkreis ______ (zusammensitzen) (2), ______ sich über gemeinsame Erinnerungen ______ (austauschen) (3) und ______ (ernten) (4) plötzlich entrüsteten Widerspruch: „Nein, du ______ uns damals nicht mit dem Auto ______ (abholen) (5)! Wir ______ (müssen) (6) mit dem Bus fahren und ______ über eine halbe Stunde im strömenden Regen ______ (warten) (7)!" Doch in Ihrer Erinnerung ______ Sie Ihre Kinder ______ (abholen) (8). Sie ______ vorher länger nach dem Autoschlüssel ______ (suchen) (9) und ______ (fahren) (10) dann, nachdem Sie ihn endlich ______ (finden) (11), viel zu schnell durch die Stadt, ______ (geraten) (12) in eine Polizeikontrolle und ______ (müssen) (13) Strafe zahlen.

Wen trügt die Erinnerung, wer hat Recht? So, wie Kurt Tucholsky mit der Gedichtzeile „Vorbei, verweht, nie wieder" Augenblicke der Begegnung im Menschenstrom der Großstädte ______ (beschreiben) (14), verhält es sich auch mit den Erinnerungen, die in unumstößlicher Gewissheit niemals mehr nachvollzogen werden können. Der Psychologe Endel Tulving ______ (prägen) (15) den Begriff des ‚episodischen Gedächtnisses'. Er ______ (erläutern) (16) damit die einzigartige Fähigkeit des Menschen, sich kraft der Erinnerung an eine vergangene Episode seines Lebens in einem Zeitfluss zu verorten.

Das, was früher einmal ______________________ (geschehen) (17), ist im Verhältnis zur Realität des Gegenwärtigen nur noch Fiktion, doch es ________ (helfen) (18) den Menschen zu formen, der man heute ist. Allerdings können die Einzelheiten dessen, was ______ (sein) (19), bei verschiedenen Menschen auf höchst unterschiedliche Weise erinnert und in einem bestimmten Empfinden verankert werden. Durch diese Erkenntnisse ____________________ interessante Perspektiven auf die Beurteilung der Berichte von Zeitzeugen _________________________ (eröffnen) (20).

G3 Titanic – Zeitformen

a) Ergänzen Sie die in Klammern angegebenen Verben in der korrekten Zeitform. Manchmal gibt es zwei Möglichkeiten. Achten Sie auch auf Passiv und Konjunktiv II bzw. I sowie eine dramatische Schilderung der Ereignisse beim Untergang des Schiffes (!). Die vorgegebenen Musterlösungen sowie ein Blick auf Übung b) helfen.

Der Luxusliner Titanic, der seinerzeit als unsinkbar galt (1), ______ auf seiner Jungfernfahrt am 15. April 1912 in den frühen Morgenstunden in den eisigen Wassern des Nordatlantiks ____________________ (2) *(gelten, untergehen)*.

Nur ein paar Stunden davor __________ die 2322 Passagiere an Bord noch davon ______ (3), dass sie in zwei Tagen einen großartigen Empfang im Hafen von New York ________________________ (4) *(ausgehen, erleben)*. Noch _____________ (5) niemand mit den entsetzlichen Geschehnissen, durch die das Traumschiff später zum Sinnbild für menschliche Hybris _________________________________ (6) *(rechnen, werden)*. Das Wrack, das immer noch in 3803 Metern Tiefe ________ (7), ________ (8) seit 2012 zum UNESCO-Weltkulturerbe und ________ unzähligen Untersuchungen ________________________ (9) *(liegen, zählen, unterziehen)*.

Nur fünf Tage, bevor die Titanic mit einem Eisberg kollidierte (10), ______ sie aus dem Hafen von Southhampton __________________ (11) *(kollidieren, auslaufen)*. Für die Transatlantik-Route __________ die großen Passagierschiffe bislang fast 10 Tage _______________ (12), doch die Titanic __________ den Weg innerhalb von 6 Tagen __________________ (13) *(brauchen, zurücklegen sollen)*.

Es ______________________ (14), dass es unter anderem dieser Ehrgeiz _____ (15), der den als äußerst erfahren geltenden Kapitän das Tempo nicht rechtzeitig drosseln ______ (16), obwohl per Funk Warnungen vor Eisbergen ______________________ _________ (17) *(vermuten, sein, lassen, eingehen)*. In einem Experiment _____________ man Jahrzehnte später ___________________________ (18), dass eine Reduzierung der Geschwindigkeit von über 20 auf 10 Knoten die Reaktionszeit der Besatzung __________ (19) und somit den Zusammenstoß mit dem Eisberg __________________ _________ (20) (*nachweisen, erhöhen, verhindern)*.

(!): Doch diese Erkenntnisse helfen (21) am Unglückstag den Menschen an Bord nicht, von denen nur knapp ein Drittel ____________________________________ (22) (*helfen, überleben)*: Um 23.40 Uhr ________ (23) die Kollision mit dem Eisberg ein neun Meter langes und fünf Meter breites Loch in den Schiffsrumpf *(reißen)*. Eine Kammer nach der anderen ________ (24) voll Wasser, doch der Kapitän __________ keine Notevakuierung ____ (25) (*laufen, anordnen)*. Noch __________ auch unter den Passagieren keine Panik _____ (26) *(ausbrechen)*. Das _____ (27) unter anderem dem Orchester geschuldet, das unverdrossen ____________________ (28) *(sein, weiterspielen)*. Wie so viele andere der Besatzung des Luxusliners ______________ (29) die Musiker ihre Pflichterfüllung mit ihrem Leben *(bezahlen)*. Auf dem ersten Rettungsboot, das mit 28 Personen zu Wasser ______________________ (30), _______ (31) noch 37 Plätze frei *(lassen, sein)*.

Späteren Untersuchungen zufolge wurden die Bordlichter eines anderen Schiffes gesichtet (32), weshalb wohl die Vorstellung _______________ (33), dieses Boot _____ (34) nicht weit und man _________ eine Art Shuttle-Service zur Rettung _________________ (35) *(sichten, herrschen, sein, einrichten können)*. Erst später ___________ sich __________ (36), dass die besonders ruhige und kalte Wetterlage zu einer Luftspiegelung ______________________ (37) *(herausstellen, führen)*. Deshalb ________ (38) die Besatzung die Entfernung zum anderen Schiff für viel kürzer als es tatsächlich der Fall _____ (39) *(halten, sein)*.

(!): Erst zwei Stunden nach der Kollision _schlägt_ die Stimmung _um_ (40) *(umschlagen)*. Als sich der Bug ________ (41), ______________ (42), dass das Schiff ________ ________________ (43) *(neigen, klarwerden, sinken)*. Doch noch immer ________ (44) die Rettungsboote unterbesetzt zu Wasser *(gehen)*. Als das Unvorstellbare ____________ (45) und das riesige Schiff ________ (46), nachdem es zuerst in der Mitte ______________________________________ (47), __________ unzählige Menschen ins eisige Meereswasser ____________ (48) *(passieren, sinken, auseinanderbrechen, reißen)*. Der Kälteschock und die Unterkühlung, die schnell ___________ (49), _______________ (50) fast allen den Tod *(einsetzen, bringen)*.

Nur eine Mutter, die mit ihren zwei Söhnen die Überfahrt in der dritten Klasse _gebucht hatte_ (51), __________ tatsächlich auf ein Rettungsboot ________________ _____ (52) *(buchen, ziehen können)*. Sie _____ bei ihren Söhnen ______________ (53), obwohl man ihr einen Platz auf einem Frauen-Rettungsschiff ________________ ________ (54) *(bleiben, anbieten)*. Ihre Söhne jedoch ___________ (55) im eiskalten Atlantikwasser *(sterben)*.

Über das legendäre Unglück _wurden_ Hunderte von Büchern _verfasst_ (56) und acht Spielfilme ___________ (57), deren berühmtester der Hollywood-Film von James Cameron ____ (58) *(verfassen, drehen, sein)*. Aus diesem Grund ________ (59) das Unglück der Titanic jeder, obwohl in den folgenden Jahrzehnten einige mindestens ebenso tragische Schiffsunglücke ____________________ (60), deren Opferzahlen die der Titanic sogar noch um ein Vielfaches _________________ (61) *(kennen, passieren, übersteigen)*.

b) Ordnen Sie die Verben aus dem Text in a) der passenden Erklärung zu. Für manche Verben können auch zwei Zeitformen korrekt sein.

Präsens:

→ Gegenwärtiges: 7 ______

→ Zukünftiges (mit Kontext): ______

→ allgemein Gültiges: ______

→ dramatisierendes Präsens: ______

Konjunktiv I:

→ indirekte Rede: ______

Präteritum:

→ schriftliches Erzähltempus der Vergangenheit: ______

______

Perfekt:

→ Vorgang reicht aus der Vergangenheit in die Gegenwart: ______

→ Zusammenfassung am Anfang oder Ende eines Textes: ______

→ Vorzeitigkeit gegenüber Präsens: ______

→ mündliches Erzähltempus der Vergangenheit: (> nur in Aufgabe G2!)

Plusquamperfekt:

→ Vorzeitigkeit gegenüber Präteritum / Perfekt: ______

Konjunktiv II der Vergangenheit:

→ Nicht realisierte Situation in der Vergangenheit: ______

Futur I:

→ Ankündigung, Absicht, Vorhersage (ohne Kontext): ______

______

G4 Erst verschwendet, dann verschwunden – Schwierige Verbformen

a) Welche Verbform passt? Ergänzen Sie aus dem Schüttelkasten.

bewegten • wendete • geschoren • ~~schuf~~ • verschwanden • geklungen • wiegte • senkte • fielen • bewogen • riet • erschrocken • gesandt • wandte • erschreckt • geniest • geschert • geklingelt • schaffte • geriet • sank • gesendet • gefielen • verschwendeten • wog • genossen

1. Im christlichen Glauben *schuf* Gott die Welt in sieben Tagen.
2. In der Regel ______________ sie ihr wöchentliches Arbeitspensum locker.
3. Der verärgerte Gast ______________ sich mit seiner Beschwerde an die Hotelleitung.
4. Das Blatt ______________ sich, und plötzlich hatte ich Glück in meinem Leben.
5. Die dramatischen Bilder aus dem Krisengebiet ______________ viele Menschen stark ...
6. ... und ______________ sie zu sofortigen Hilfeleistungen.
7. „Du hast mich jetzt vielleicht ______________! Was stehst du so still da und sagst nichts?"
8. Das Pferd ist durchgegangen, weil es vor dem flatternden Band ______________ ist.
9. Er sagt, er hätte mir ein Paket ______________, aber ich habe es nie erhalten.
10. Die Dokumentation wurde mehrmals ______________.
11. Er hat seinen wohlverdienten Urlaub in vollen Zügen ______________.
12. Ich glaube, ich habe mich erkältet, denn ich habe schon mehrmals ______________!
13. Das ist typisch für meinen Chef. Er hat sich nie um seine Mitarbeiter ______________.
14. Wenn früher Kinder Läuse hatten, wurden den Jungen die Haare ______________.
15. Bitte probier das noch einmal, die letzten Töne haben nicht sauber ______________.
16. Ich habe mehrmals bei ihm ______________, aber er hat nicht aufgemacht.
17. Sein Vater ______________ ihm dazu, das verlockende Angebot dennoch abzulehnen.
18. Das Schiff ______________ in einen schweren Sturm ...
19. ... und ______________.

20. Im Zuge des Insolvenzverfahrens __________ das Kaufhaus die Preise radikal.

21. Die Inszenierungen vom neuen Regisseur __________ dem Publikum nicht.

22. Aufgrund der Krise __________ die Kurse ins Bodenlose.

23. Sie __________ viel zu viel Zeit mit dieser unnützen Arbeit.

24. Sie __________ und wurden nie wiedergesehen.

25. Die Großmutter __________ das Kind in ihren Armen.

26. Es ______ bereits sieben Kilogramm.

b) Ergänzen Sie zu den Verben aus a) die Formen wie im Beispiel und ordnen Sie die korrekte Bedeutung zu: Dabei sollen die Verbfomen von 1–14 den Buchstaben a)–n), von 15–26 den Buchstaben o)–z) zugeordnet werden.

1. *schaffen / schuf / hat geschaffen*
2. __________
3. __________
4. __________
5. __________
6. __________
7. __________
8. __________
9. __________
10. __________
11. __________
12. __________
13. __________
14. __________

a) ansprechen, an jdn. herantreten
b) Angst einjagen, schockieren
c) ausstrahlen (Technik)
d) mit einem Wohlgefühl erleben
e) sich nicht kümmern
f) emotional berühren
g) herumdrehen, umkehren
h) komplett die Haare abrasieren
i) Reaktion auf ein Kitzeln in der Nase
j) schicken, bringen lassen*
k) etwas Schwieriges erledigen
l) zu etwas bringen, veranlassen
m) etwas Neues bilden oder bauen
n) Angst / Panik bekommen

* Hier sind auch die Formen des starken Verbs möglich!

1	2	3	4	5	6	7	8	9	10	11	12	13	14
m													

15. klingen / klang / hat geklungen
16.
17.
18.
19.
20.
21.
22.
23.
24.
25.
26.

o) im Arm schaukeln
p) sich nach unten bewegen, meist schnell und unkontrolliert
q) plötzlich nicht mehr da sein
r) ohne Absicht in eine bestimmte Situation kommen
s) untergehen
t) das Gewicht feststellen
u) zu viel von etwas ausgeben oder verbrauchen
v) tönen, etwas hören können
w) etwas nach unten bewegen
x) einen Ratschlag / Tipp geben
y) den Erwartungen / dem Geschmack entsprechen
z) läuten, durch einen hellen Ton Aufmerksamkeit erregen

15	16	17	18	19	20	21	22	23	24	25	26
v											

G5 Flucht aus der Quarantäne – Modalverben in subjektivem Gebrauch

Ordnen Sie den folgenden Sätzen die korrekte Umschreibung zu.

Gestern Nacht ist er tatsächlich seiner Quarantäne entflohen!

1. Er soll vom zweiten Stock über den Efeu am Haus hinuntergeklettert sein: d)
2. Er will vom zweiten Stock über den Efeu am Haus hinuntergeklettert sein: _____
3. Er muss vom zweiten Stock über den Efeu am Haus hinuntergeklettert sein: _____
4. Er müsste vom zweiten Stock über den Efeu am Haus hinuntergeklettert sein: _____
5. Er dürfte vom zweiten Stock über den Efeu am Haus hinuntergeklettert sein: _____
6. Er könnte vom zweiten Stock über den Efeu am Haus hinuntergeklettert sein: _____
7. Er kann nur vom zweiten Stock über den Efeu am Haus hinuntergeklettert sein: _____
8. Er kann nicht vom zweiten Stock über den Efeu am Haus hinuntergeklettert sein: _____
9. Er mag vom zweiten Stock über den Efeu am Haus hinuntergeklettert sein, aber nachweisen lässt sich das nicht mehr: _____
10. Wie mag er das wohl gemacht haben? _____

a) Es ist ausgeschlossen, dass er .....
b) Er behauptet, dass er ...
c) Wahrscheinlich ist er ....
d) Ich habe gehört, dass er ....
e) Möglicherweise ist er ...
f) Alle Anzeichen sprechen dafür, dass er ...
g) Ich bin überzeugt, dass er ...
h) Wer weiß, wie er das gemacht hat.
i) Es gibt keine andere Möglichkeit, als dass er ...
j) Selbst wenn er es so gemacht hat, lässt es sich nicht mehr nachweisen.

Tipp

In subjektivem Gebrauch bei ...
→ ... dürfen: nur ‚dürfte' (~~darf~~)
Er dürfte keinen Cent mehr haben, weil er den ganzen Abend beim Roulette verloren hat!
→ ... sollen: nur ‚soll' (~~sollte~~)
Unser Professor soll einmal für den Nobelpreis nominiert gewesen sein.
→ ... mögen: nur ‚mag' (~~möchte~~)
Das mag wohl richtig sein, aber es zu glauben, fällt mir schwer!

G6 Zweifelhafte Höchstleistungen – Modalverben in subjektivem Gebrauch

Markieren Sie im Text die Wörter, die von einem Modalverb in subjektiver Bedeutung ersetzt werden können, und formulieren Sie um.

1. Das Guinness-Buch der Rekorde enthält eine Unmenge an Eintragungen, die vermutlich in einem anderen Kontext völlig unglaubwürdig wären.

   ... die *in einem anderen Kontext völlig unglaubwürdig sein dürften.*

2. Obwohl beispielsweise der Rekord im Dauerküssen von über 58 Stunden vielleicht so stattgefunden hat, zeugt das aber keinesfalls von Leidenschaft.

3. Mit Sicherheit sind derartige Rekorde ausschließlich durch den Ehrgeiz motiviert, etwas Außergewöhnliches zu leisten.

3. Allerdings ist es auch denkbar, dass so manch einer Leistung ein Talent zugrunde liegt, das zufällig entstand und entdeckt wurde.

5. Ein Beispiel hierfür wäre der Inder Rathakrishnan, der angeblich einen 297 Tonnen schweren Zug fast drei Meter lang mit den Zähnen gezogen hat.

6. Doch häufig wird die Realität den ehrgeizigen Plänen nicht gerecht. So behauptete Guerlain Chicherit von sich, dass er mit seinem Mini über eine Rampe mehr als 101 Meter weit fliegen kann, was beim Rekordversuch aber misslang.

7. Glücklicherweise heißt es, dass er dabei nur leicht verletzt wurde.

G7 Gartenarbeiten im Frühjahr – Aktiv und Passiv

Formulieren Sie die Sätze oder Satzteile, bei denen es stilistisch passend erscheint, in einen Passivsatz um.

Tipp

Das Passiv lenkt den Fokus auf die Person, der etwas geschieht, oder den Vorgang, der im Vordergrund steht. Aktiv oder Passiv ist mehr eine Frage der Perspektive oder des Stils als der Korrektheit!

1. Die ersten kräftigeren Sonnenstrahlen locken den passionierten Gärtner aus dem Haus in seinen Garten, der allmählich aus dem Winterschlaf erwacht.

   Von den ersten kräftigeren Sonnenstrahlen wird der passionierte Gärtner aus dem Haus in seinen Garten gelockt, der …

2. Spricht man hier vom ‚Gärtner', geschieht das lediglich der Einfachheit halber, denn oft genug erschaffen und pflegen Gärtnerinnen die grünen Paradiese.

3. Nach dem Ende der Frostnächte muss man Beete und Rasen von Laub und Ästen säubern und den zarten Trieben der ersten Frühlingsblumen alle Hindernisse aus dem Weg räumen.

4. Die Obstbäume hatte der Gärtner bereits im Januar zurückgeschnitten, was sie unbeschadet überstanden zu haben scheinen, da sie bereits die ersten Knospen ansetzen.

5. Alle Böden, die er nicht schon im Herbst umgegraben hat, kann er nun für das Gemüse vorbereiten.

6. Den reifen Kompost, den er schon im Herbst umsetzen musste, kann er nun in die Erde einarbeiten.

7. Will er einjährige Sommerpflanzen und Sträucher setzen, ist jetzt der richtige Zeitpunkt.

8. Er darf auch nicht vergessen, dass Öl und feines Schleifpapier alle Gartengeräte vom Rost befreien kann.

9. Nun hat er alle Voraussetzungen für ein gelungenes Gartenjahr erfüllt.

Tipp

→ *wollen* im Aktivsatz wird *sollen* im Passivsatz:
Der Gärtner will Sträucher setzen >> Sträucher sollen gesetzt werden.

→ Soll das Subjekt aus dem Aktivsatz im Passivsatz genannt werden:
von (Personen, Institutionen, Naturkräfte) → *Von den ersten Sonnenstrahlen wird der passionierte Gärtner aus dem Haus in seinen Garten gelockt.*
durch (Abstrakta, Mittel) → *Durch Öl und feines Schleifpapier können alle Gartengeräte vom Rost befreit werden.*

→ Vergangenheitspassiv mit Modalverb: *werden* und Modalverb stehen im Infinitiv und nach dem finiten Verb, auch im Nebensatz! → *Der reife Kompost, der schon im Herbst hat umgesetzt werden müssen, kann verarbeitet werden.*

G8 Krisenbewältigung – Passiversatzformen

Formulieren Sie die Sätze in Passivsätze um und orientieren Sie sich dabei an den markierten Wendungen.

1. Im Laufe eines Lebens lassen sich Krisen meist nicht vermeiden. *Im Laufe eines Lebens können Krisen meist nicht vermieden werden.*

2. Als erste schwer zu bewältigende Lebensphase ist in der Regel die Pubertät zu bezeichnen.

3. Doch auch Kündigungen, Todesfälle, Trennungen, gesundheitliche, wirtschaftliche oder politische Krisen gilt es zu bewältigen.

4. Dabei ist die Wichtigkeit des Zeitfaktors unbestreitbar, denn oft findet sich die Neuorientierung mit ein wenig Geduld.

5. Während sich anfänglich manche Betroffene von chaotischen Gefühlen überwältigen lassen und in einer Art Schock verharren, verdrängen andere das Problem erst einmal.

6. Wie Psychologen den Betroffenen raten, ist der zu akzeptierende Verlust einer als positiv empfundenen Situation die erste große Herausforderung.

7. Negative Gedanken gehören verabschiedet und die Vergangenheit ist abzuschließen, dann wird (!) der Schmerz erträglich.

____

____

____

8. Nun heißt es, die Augen dafür zu öffnen, was man vom Leben Neues angeboten bekommt.

____

____

G9 Im Gerichtssaal – Verben mit Genitiv

Ergänzen Sie die Nomen aus dem Schüttelkasten in der richtigen Form.

eine gewisse Popularität • ein Verbrechen • der Andrang • sein Platz • ihr Amt • ein Besseres • ihre Tränen • seine Freiheit • die Berichterstattung • ~~größte Beliebtheit~~ • der Randalierer • die Parteilichkeit • solche rigorose Mittel • das Opfer • die Lüge • das Verbrechen • die Festsetzung • jeglicher Kommentar

Manche Prozesse, besonders mit prominenten Angeklagten, erfreuen sich beim Publikum *größter Beliebtheit* (1), sodass sich die betreffenden Gerichte kaum ______________ (2) erwehren können. Doch sollten sich die Zuschauer tunlichst ______________ (3) enthalten, sonst walten die Gerichtsdiener ______________ (4) und verweisen den Störenfried ______________ (5).

Die Motive für das Interesse an einer Verhandlung sind unterschiedlich. Hier findet sich der passionierte Hobby-Kriminologe, der nach intensiver Zeitungslektüre schon längst den Angeklagten ______________ (6) überführt zu haben glaubt, genauso wie der Journalist, der sich in seiner Redaktion ______________ (7) über den Fall angenommen hat oder einfach der Betroffene, der durch seine Anteilnahme am Prozess ______________ (8) gedenkt. Können sich Kläger oder Angeklagte ______________________________ (9) rühmen, wirkt dies auch als Publikumsmagnet. Mitunter kann es bei der Zuhörerschaft zu emotionalen Ausbrüchen kommen, sei es, dass sie wütend einen Zeugen ______________ (10) bezichtigen, sei es, dass sie den Richter ______________ ______________ (11) verdächtigen oder auch, dass sie sich ______________ (12) der Anteilnahme nicht schämen. Ist nun der Publikumsliebling tatsächlich ______________________ (13) angeklagt und durch eine Gefängnisstrafe ______________________ (14) beraubt, kommt es im Sitzungssaal häufig zu lauten Unmutsäußerungen. Gelingt es nicht, die Störer zur Ordnung zu rufen, bedient sich das Gericht ______________________ (15) eines Ordnungsgelds. Genügt auch das nicht, entledigt man sich ______________________ (16) mittels einer Ordnungshaft bis zu einer Woche. Doch glücklicherweise bedarf es nur in Ausnahmefällen ______________________________ (17), meist genügt es, die entsprechenden Personen ______________________ (18) zu belehren und sie über ihr Fehlverhalten aufzuklären.

H Adjektive

H1 Glück und Glas, wie leicht bricht das – Adjektivendungen

Ergänzen Sie die Endungen der Adjektive, wo es nötig ist. Achtung: Auch Komparativ- oder Superlativformen sind möglich!

Wiederholte (1) Versuche scharfsinnig____ (2) Philosophen und Soziologen, den Zustand menschlich____ (3) Glücks exakt zu definieren, haben uns etlich__ klug__ (4) Abhandlungen und Werke zu diesem schwer__ fassbar____ (5) Thema beschert. Es zählt sicherlich zu den verführerisch________ (Superl.) (6) Vorstellungen, dass es wohlmeinend____ (7) Eltern, bemüht____ (8) Pädagogen und schließlich einem fürsorglich____ (9) Staatswesen möglich__ (10) sein könnte, für die ihnen anvertraut____ (11) Schützlinge die Weichen zu einem glücklich____ (12) Lebenslauf zu stellen. Je nach persönlich____ (13) Perspektive kommt es zu unterschiedlich____ (14) Definitionen des Begriffs ‚Glück'. Ist einmal damit gemeint, einen langandauernd____ zufrieden____, von jeglich____ Wünschen frei____ (15) Allgemeinzustand zu erreichen, gibt es zum anderen das momentan__ (16) Glücksgefühl, das mit himmelhochjauchzend____ (17) Empfindung einhergehen, genauso aber auch einen ruhig____ und friedlich____ (18) Seelenzustand bezeichnen kann. Auch das plötzlich eintretend__ positiv__ (19) Ereignis kann damit gemeint sein, wobei allerdings derjenige, der Glück hat, nicht zwangsläufig auch glücklich__ (20) sein muss. Wenn der vom Balkon herabstürzend__ (21) Blumentopf den ahnungslos____ (22) Fußgänger nur knapp verfehlte, hatte er wohl Glück, doch dürfte ihn das Erlebnis eher in einen erschreckt____ und verwirrt____ als in einen beseligt____ seelisch____ (23) Zustand versetzen. Zahlreich__ weltweit__ (24) Untersuchungen, in welchen Ländern die glücklich________ (Superl.) (25) Menschen leben, zeigen deutlich, dass je nach zugrunde gelegt____ (26) Wertmaßstab unterschiedlich______ (Superl.) (27) Ergebnisse erzielt werden. Interessanterweise hat beispielsweise hoh____ (28) Einkommen einen gering__ ______ (Komp.) (29) Einfluss auf das Glücksempfinden der Menschen als gemeinhin angenommen. Ab einer gewiss____ (30) Einkommenshöhe der Sättigung dreht sich der beglückend__ (31) Effekt sogar um und führt zu signifikant____ (32) Abnahme des

Wohlgefühls. Von der Antike bis heute gibt es eine Menge auch in sich widersprüchlich____ (33) Messpunkte: jeglich____ (34) Verzicht auf materiell__ (35) Güter contra Wohlstand, stabil__, gefühlvoll__ (36) Bindungen contra völlig__ (37) Unabhängigkeit und ein selbstbestimmt____ (38) Leben, leidenschaftlich__ (39) Hingabe an ein bestimmt____ (40) Lebensziel contra Erreichung einer gleichmütig____ inner____ (41) Haltung zum Leben, und deren Punkte mehr__ (42). Doch scheint es, dass alle sicherlich__ berechtigt____ (43) ‚Anleitungen zum Glücklichsein' den subjektiv____ (44) Faktor vernachlässigen, der auch mit einer genetisch____ sowie einer kulturell____ (45) Disposition einhergeht.

Tipp

viel und *wenig* haben im Singular <u>keine</u> Endung vor einem Nomen, das man nicht zählen kann: *viel Zeit / wenig Geld*, auch: *viel verlorene Zeit / wenig verfügbares Geld* aber: *viele Kinder / wenige Stunden*

H2 Die jungen Mitarbeiter – Definite und indefinite Artikelwörter

Verbinden Sie die Artikelwörter mit dem passenden Adjektiv und Nomen.

Aufgrund der Wirtschaftskrise sind ...

1. beide
2. mehrere
3. viele
4. alle
5. einige
6. lauter
7. drei
8. sämtliche
9. die beiden
10. etliche
11. wenig

a) jung**e** Mitarbeiter ...

b) jung**en** Mitarbeiter ...

gekündigt worden.

1	2	3	4	5	6	7	8	9	10	11
b										

Tipp

Zahlwörter (*zwei, drei, vier,* usw.) haben keinen Einfluss auf die Adjektivendung: *Zwei junge Mitarbeiter ... / die zwei jungen Mitarbeiter ...*

H3 Das ist mir lästig – Adjektive mit Kasusergänzung: Dativ

Die folgenden Sätze können mithilfe eines Adjektivs mit direkter Kasusergänzung eleganter formuliert werden. Sie finden die Adjektive im Schüttelkasten. Formen Sie um wie im Beispiel.

recht • überlegen • fremd • peinlich • zuwider • behilflich •
lästig • ~~symphatisch~~ • angeboren • schuldig • bekannt

1. Meine neue Kollegin finde ich sehr nett.

   Meine neue Kollegin ist mir sehr symphatisch.

2. Mein kleiner Sohn schämt sich sehr, dass er diesen dummen Fehler gemacht hat.

   ____

3. Die Hausordnung kenne ich seit meinem Einzug in diese Wohnung.

4. Du hast in Diskussionen immer die besseren Argumente als ich.

5. Die ständigen Anrufe stören mich sehr bei der Arbeit.

6. Rücksichtsloses Verhalten finde ich abstoßend.

7. Aber nein, das verpflichtet dich zu nichts!

8. Es passt gut für mich, das Meeting um eine Woche zu verschieben.

9. Es wäre schön, wenn du mir beim Einrichten des neuen Handys ein wenig helfen könntest.

10. Reflexe und emotionale Mimik bringt der Mensch von Geburt an mit.

11. In den ersten Monaten im Ausland fühlt man sich in der Regel mit der neuen Umgebung und den Menschen noch nicht vertraut.

H4 Geschäftsleben – Adjektive mit Kasusergänzung: Dativ und Akkusativ

Bilden Sie Sätze und achten Sie auf den richtigen Kasus.

1. die Änderung der Vertragsbedingungen – ich – neu sein

   Die Änderung der Vertragsbedingungen ist mir neu.

2. die Wirtschaftskrise – das geplante Start-up – gefährlich werden können

3. das aktuelle Smartphone-Modell – das Vorgängermodell – zu ähnlich sein

4. Sie – der ständige Ärger – leid sein – und – die Kündigung einreichen

5. Er – seine Überzeugung – treu bleiben – und – verzichten (Präp.!) – die Beförderung

6. Wer – die alten Arbeitsabläufe – gewohnt sein – der – nur schwer – sich umstellen können

7. Durch die traditionelle Organisationsstruktur – das Unternehmen – die Konkurrenz – nicht gewachsen sein

8. die Probleme – die weiblichen Beschäftigten – mit – die schwere Vereinbarkeit von Beruf und Familie – die Unternehmensleitung – gleichgültig sein

9. die Entwicklung – die neue Produktpalette – die Anstrengung – wert sein

Tipp

Es gibt sehr wenige Adjektive, die als Kasusergänzung den Akkusativ haben:

leid: *Sie wechselt ihren Beruf, weil sie die ständigen Misserfolge leid ist.*
wert: *Das Ziel erreicht zu haben, war die Mühen wert.*
gewohnt: *Wer dieses Klima nicht gewohnt ist, bekommt gesundheitliche Probleme.*

H5 Recht und Gesetz – Adjektive mit Kasusergänzung: Genitiv

Formulieren Sie die Sätze mithilfe eines Adjektivs mit direkter Kasusergänzung aus dem Schüttelkasten um. Eine Nominalisierung kann, muss aber nicht nötig sein.

sich sicher sein • würdig sein • überdrüssig sein • sich bewusst sein • ~~verdächtig sein~~ • bedürftig sein • mächtig sein • sich gewiss sein • fähig sein

1. Man vermutet, dass der Minister korrupt ist.

   Der Minister ist der Korruption verdächtig.

2. Der Angeklagte weiß, dass er einen Fehler gemacht hat.

   ____

3. Im Verlauf des Prozesses wusste der Zeuge nicht mehr genau, was er beobachtet hatte.

   ____

   ____

4. Nach Meinung des Verteidigers kann die Angeklagte keinesfalls so eine Tat begangen haben.

   ____

   ____

5. Aufgrund seiner psychischen Beeinträchtigung braucht der Jugendliche besondere Zuwendung.

   ____

   ____

6. Für die Zeugenaussage ist ein Dolmetscher vonnöten, da der Zeuge die Verhandlungssprache nicht beherrscht.

   ____

   ____

7. Der Verteidiger ist überzeugt, dass sein Plädoyer große Wirkung haben wird.

   ____

   ____

8. Vermutlich kann von einem Selbstmord ausgegangen werden, da der Tote erwiesenermaßen schon länger nicht mehr leben wollte.

____

____

9. An dem Urteil wurde kritisiert, dass es einem Rechtsstaat nicht angemessen sei.

____

____

H6 Fürs Leben, nicht für die Schule – Adjektive mit Kasusergänzung

Ergänzen Sie den Text mit den Nomen und Pronomen in Klammern im richtigen Kasus.

Die Suche von Eltern und Lehrern, die *der herkömmlichen Form* (die herkömmliche Form) (1) der Schulen überdrüssig waren, nach einem besseren Bildungskonzept ist bereits einige Jahrhunderte alt. Insbesondere die Lehren Jean-Jacques Rousseaus sind als Grundlage reformpädagogischer Überlegungen ______________ (alle Erzieher) (2) bekannt. Gemeinsam ist ______________ (sämtliche Ansätze) (3), dass ein starres Unterrichtsschema, das ______________ (die Schüler) (4) in erster Linie lästig ist, von einem ganzheitlicheren Konzept abgelöst werden soll. Schließlich soll das, was die Lehrenden den Kindern angedeihen lassen, ______________ (der Begriff) (5) ‚Bildung' würdig sein: Einen Menschen zu formen, der sich ______________ (er selbst und sein Verhältnis) (6) zu anderen und zur Welt bewusst wird, und dadurch seine Persönlichkeit entwickelt.

Erwiesenermaßen erwuchsen der alten „Pauk- und Drillschule" Menschen, die ______________ (das Gehorchen) (7) gewohnt waren, aber ______________ (die) (8) es häufig nicht möglich war, ihre eigentlichen Talente zu entwickeln. Dagegen ist es ein wünschenswertes Ziel, Menschen auszubilden, ______________ (die) (9) ihr erworbenes Wissen nützlich erscheint und die sich ______________ (sie selbst) (10) sicher sind. Wenn sie zudem ______________________ (die Anwendung) (11) dieses erworbenen Wissens fähig und – im besten Fall – ______________________ (ihre Lehrer) (12) dankbar sind, war die Schulzeit tatsächlich ______________ (die Mühe) (13) wert.

Die verschiedenen Ausprägungen der Reformpädagogik fühlen sich zwar alle ____ (die ganzheitliche Erziehung) (14) verbunden, sind ansonsten aber ____ (die unterschiedlichsten Überzeugungen) (15) verpflichtet, sei es der Waldorf-, der Montessoripädagogik oder der Antipädagogik, die in ihrer Radikalität __________________________________ (die übrigen Ansätze) (16) kaum noch ähnlich ist.

I Präpositionale Ergänzungen

I1 Ich schwärme für ... – Verben mit Präpositionen

In welchem Kontext ist welche Präposition korrekt? Markieren Sie.

1. Viele junge Mädchen schwärmen _für_ Pferde / *von* Pferden und Reiten.
2. Karl schwärmte *für die* beeindruckende / *von der* beeindruckenden Bergwelt, die er auf seiner letzten Wanderung erlebt hatte.
3. In Deutschland passiert es immer wieder, dass Bagger bei den Grabungen für einen Neubau *zu einer* Bombe / *auf eine* Bombe aus dem Zweiten Weltkrieg stoßen.
4. Einige Nachzügler stießen später *zu der* / *auf die* Gruppe.
5. Welche Entscheidung du treffen möchtest, liegt ganz *bei* / *auf* dir.
6. Die Wartburg, wo Martin Luther das Neue Testament ins Deutsche übersetzte, liegt *bei* / *auf* einem Hügel über der Stadt Eisenach in Thüringen.
7. Lehrer sollten nicht *auf* / *an* Lob sparen, um die Kinder zu motivieren.
8. Nach einer Umfrage des Meinungsforschungsinstituts Civey sparen 84 % der Deutschen *auf* / *an* ein Eigenheim.
9. Die Planung des Wochenendes richtet sich *nach dem* / *auf das* Wetter.
10. Bei einem Einzelkind richtet sich häufig die ganze Aufmerksamkeit der Eltern *nach diesem einen* / *auf dieses eine* Kind.
11. Beim Eintreten in den Regensburger Dom richtet der Besucher seinen Blick als erstes *auf den* / *über den* prunkvollen Hochaltar.
12. Es ist Unrecht, *auf* einen / *über* einen Menschen zu richten, ohne seine näheren Umstände zu kennen.
13. Sprachenlernende müssen *von* / *in* allen vier Fertigkeiten, Hören, Sprechen, Lesen und Schreiben, unterrichtet werden.
14. Nach dem Unfall im Atomreaktor wurde der Vorwurf erhoben, dass die Öffentlichkeit nicht rechtzeitig *von* / *in* dem Radioaktivitätsaustritt unterrichtet worden sei.
15. Bevor wir weiterdiskutieren, sollten wir erst einmal klären, was du *unter* / *von* diesem Begriff verstehst.
16. Politische Meinungsbildung kann schwierig sein, wenn man nichts *unter* / *von* Wirtschaft versteht.
17. Nach dem Reinheitsgebot gebrautes Bier besteht *auf* / *aus* / *in* Hopfen, Malz, Hefe und Wasser.

18. Heute Abend lade ich dich ein. Keine Widerrede, ich bestehe *darauf / daraus / darin*!
19. Die Aufgabe eines Mediators besteht *auf / aus / in* der Vermittlung zwischen streitenden Parteien.
20. Die Tochter litt sehr *unter / an* dem angespannten Verhältnis ihrer Eltern.
21. Bis Vitaminmangel als Ursache entdeckt wurde, litten – und starben – Seefahrer häufig *unter / an* Skorbut.
22. Die Mitarbeiter schätzen *auf / an* ihrem Chef seine Freundlichkeit und Geduld.
23. Der Wert der Firma wird *auf / an* etwa fünf Millionen Euro geschätzt.

12 Wahlkampf – Ergänzungen mit und ohne Präposition

Formulieren Sie die folgenden Sätze um, indem Sie Verben mit Präpositionalergänzung verwenden.

1. Die Anhänger der Oppositionspartei bejubelten ihren überwältigenden Wahlsieg.

   Die Anhänger der Oppositionspartei jubelten über ihren überwältigenden Wahlsieg.

2. In ihrer Wahlkampagne hatten sie die Regierungspartei hart bekämpft.

   ____

   ____

3. Bis zuletzt bezweifelte der Vorsitzende der Oppositionspartei, dass sie diese Wahl gewinnen könnten.

   ____

   ____

   ____

4. Doch in der heißen Phase des Wahlkampfs kam an die Öffentlichkeit, dass der Präsident seine ehemalige Mitgliedschaft in einer radikalen Vereinigung verschwiegen hatte.

   ____

   ____

   ____

5. Diese Vorwürfe belasteten ihn schwer.

6. Obwohl er sein Bedauern darüber ausdrückte und weiteres Vertrauen seiner Wählerschaft erbat, kostete es ihn viele Stimmen.

7. Die Oppositionspartei hatte eigentlich nicht erhofft, dass diese Entwicklung tatsächlich zu einem Wahlsieg führen könnte.

8. Doch viele Wähler bezweifelten nun nicht mehr, dass der Präsident nach der Wahl versuchen würde, immer mehr Macht auf sich zu konzentrieren.

9. Er beherrschte bereits jetzt die wichtigsten Medienkonzerne im Land.

Tipp

Nicht immer entsprechen transitive Verben in ihrer Bedeutung einem Verb mit Präposition, oft besteht auch ein Bedeutungsunterschied, zum Beispiel:
Ich hätte niemals so ein gutes Prüfungsergebnis erwartet. → **abstrakt**
Ich warte seit einer Stunde auf mein Prüfungsergebnis. → **konkret**

13 Wegweiser im Präpositionen-Dschungel – Semantische Zuordnung

Ordnen Sie je drei Verben aus dem Schüttelkasten den Präpositionen zu.

aufbauen • drängen • unterrichten • leben • eintreten • entstehen • sich begeistern • verbergen • beruhen • herrschen • hervorgehen • wirken • sich beschränken • abhalten • vertauschen • sich hüten • verlangen • beharren • ~~berechtigen~~ • sich anpassen • sich richten • sich umsehen • schwärmen • urteilen • ändern • gelangen • verfügen • zu tun haben • fliehen • sich befassen • sich vertiefen • arbeiten • fordern • sich einmischen • bestehen • folgen

zu — *berechtigen*, ______ ______

für ______ ______ ______

auf (+Dat.) ______ ______ ______

auf (+Akk.) ______ ______ ______

von ______ ______ ______

vor ______ ______ ______

an ______ ______ ______

nach ______ ______ ______

über ______ ______ ______

mit ______ ______ ______

in ______ ______ ______

aus ______ ______ ______

Tipp

Als kleine Orientierung dienen semantische Gemeinsamkeiten der Verben mit Präpositionen. Hier ein paar Beispiele:

‚eintauchen' → sich vertiefen, unterrichten, sich einmischen ... **in**
Orientierung/Suche → fragen, sich umsehen, sich richten, verlangen .... **nach**
Grundlage, statisch → beharren, beruhen, aufbauen ... **auf** (+Dat.)
Bedrohung → verbergen, sich hüten, fliehen ... **vor**
Ausgangspunkt/Quelle → bestehen, entstehen, hervorgehen ... **aus**

14 Psychogramm – Adjektive mit Präpositionen

Verbinden Sie die passenden Satzteile und die richtige Präposition.

1. Zugegebenermaßen bin ich oft neidisch
2. Doch ich bin stets offen
3. Außerdem bin ich fähig
4. Als Einzelkind bin ich eher unerfahren
5. Wirklich begeistert bin ich
6. Normalerweise bin ich beliebt
7. Ehrlich gesagt bin ich selten zufrieden
8. Vielmehr bin ich immer neugierig
9. Nur ungern bin ich beteiligt
10. Ich bin zwar nicht verrückt
11. Sehr wütend kann ich sein

von – zu – in – auf – bei – auf – an – nach – mit – über – für

a) Konfliktbewältigung mit Gleichaltrigen
b) Streiks oder Demonstrationen.
c) Möglichkeiten zu kreativer Arbeit.
d) meiner Lebenssituation.
e) Anerkennung, aber genieße sie schon sehr.
f) außergewöhnlichen Leistungen.
g) Kindern, weil ich sie ernst nehme.
h) zukünftige Entwicklungen.
i) erfolgreiche Menschen.
j) Neues.
k) Missachtung oder Zurücksetzung.

1	2	3	4	5	6	7	8	9	10	11
auf										
i)										

15 Berufswünsche Jugendlicher – Verben, Adjektive und Nomen mit Präpositionen

Ergänzen Sie die fehlenden Präpositionen.

Laut einer Studie der OECD, die *auf* (1) einer Befragung von weltweit 500 000 Jugendlichen ____ (2) ihren Berufswünschen fußt, ist eine Anpassung ihrer beruflichen Ziele ____ (3) das Zeitalter der Digitalisierung noch nicht zu erkennen. Nach wie vor dominiert bei einem Großteil der Befragten die Neigung ____ (4) eher traditionellen Berufen. Statt einer Orientierung ______ (5) neuen Berufen beharren die Jugendlichen eher ______ (6) Altbewährtem. Deshalb wird die Forderung ________ (7) verstärktem Unterricht ______ (8) Berufsvorbereitung laut, der an den Schulen wohl fehlt. Denn häufig ergibt sich die Festlegung ______ (9) den Traumberuf auch ______ (10) mangelndem Wissen ________ (11) alternative Berufe und lässt ______ (12) fehlende Vorstellungkraft im Hinblick ______ (13) die Vielfalt der modernen Berufswelt schließen.

Die rasante Entwicklung ____ (14) einer digitalisierten Gesellschaft lässt allerdings erwarten, dass man sich in den nächsten zwei Jahrzehnten ______ (15) etwa 40 Prozent der bekannten Berufe verabschieden muss, die ______ (16) Automatisierungsprozessen betroffen sind. Doch bislang schlägt sich diese Erkenntnis ______ (17) den Listen der beliebtesten Berufsziele noch nicht nieder.

Die auf PISA-Daten beruhende OECD-Studie zeigt auch, wie sich die soziale Herkunft der Schülerinnen und Schüler ______ (18) ihren beruflichen Ambitionen widerspiegelt. Kinder bildungsfernerer Schichten hätten demnach häufig keinen Überblick ________ (19) die verschiedenen Bildungswege. Außerdem verfügen wenige ________ (20) eine Vorstellung da________(21), wie reich ______ (22) beruflichen Möglichkeiten auch die digitale Welt ist.

Nicht zuletzt spielt auch das Geschlecht eine eindeutige Rolle ______ (23) den Berufswünschen. So zeigen sich Jungen, die gut ______ (24) Naturwissenschaften sind, eher interessiert ______ (25) einem Beruf in diesem Bereich oder im Bereich Ingenieurwissen als Mädchen, die sich bei gleicher Begabung dennoch eher ______ (26) einen Beruf im Bereich Gesundheitswesen interessieren.

Unumstritten bleibt die Anforderung ______ (27) die Schulen, den Jugendlichen in Zukunft verstärkt Gelegenheit da____ (28) zu bieten, sich frühzeitig ein Bild ______ (29) Wandel des Arbeitsmarkts machen zu können.

J Satz und Stil

J1 Stimmen zur Krisenbewältigung – Nominalisierung

Verkürzen Sie den Satz zu einer Nominalphrase wie im Beispiel.

1. Die politische Führung hat die Krise bewältigt. *Die Bewältigung der Krise durch die politische Führung …*
2. Die Gesellschaft ist bereit sich zu verändern. ______
3. Die Mehrheit der Menschen würde konsequente Umweltschutzmaßnahmen akzeptieren. ______
4. Eine Studie untersucht, wie neue Arbeitsplätze geschaffen werden können. ______
5. Das zentrale Ziel ist, Lebensräume besser zu schützen. ______
6. Regionale Wirtschaftskreisläufe werden gestärkt. ______
7. Die Stimmen für Klima- und Naturschutz haben zugenommen. ______
8. Die Verkehrspolitik der Länder hat bislang häufig versagt. ______
9. Waldbrände nehmen weltweit zu. ______
10. Viele Bereiche des öffentlichen Lebens werden heutzutage überdacht und hinterfragt. ______

J2 Visionen – Nominalisierung: Sätze mit Modalverben

Verkürzen Sie den Satz zu einer Nominalphrase wie im Beispiel und ergänzen Sie ein passendes Ende aus dem Schüttelkasten.

... findet zum Beispiel seinen Ausdruck in den verschiedenen Sharing-Bewegungen. • ... sollte von den Regierungen gefordert werden. • ~~... könnte für viele Menschen auch einen Zugewinn an Lebensqualität bedeuten.~~ • ... würde entgegen der Annahme einiger Pessimisten nicht nur einen Tropfen auf dem heißen Stein bedeuten. • ... zieht ein Hinterfragen traditioneller Wirtschaftssysteme nach sich.

1. Unser Leben kann in vielen Bereichen klimafreundlicher gestaltet werden.
   Die Möglichkeit einer klimafreundlicheren Gestaltung unseres Lebens könnte für viele Menschen auch einen Zugewinn an Lebensqualität bedeuten.
2. Es müssen alternative Wege zu wirtschaften entwickelt werden. __________
3. Immer mehr junge Menschen wollen eine nicht nur auf Konsum gegründete Gesellschaft __________
4. Jeder Einzelne sollte auch in den kleinsten Lebensbereichen etwas verändern. __________
5. Die Kommunen dürfen öffentliche Gebäude mit Staatsgeldern klimafreundlich sanieren. __________

J3 Als die Bilder laufen lernten – Nominalisierung: Nebensatzkonnektoren

Formulieren Sie den Nebensatz in eine Nominalphrase um.

1. Bis 1893 Thomas Edison das Kinetoskop erfand, gab es hauptsächlich auf Jahrmärkten in Schaubuden und Panoptiken dreidimensionale Fotos zu bestaunen.
   Bis zur Erfindung des Kinetoskops 1893 durch Thomas Edison gab es …
2. In solch einem Kinetoskop konnte eine Person Platz nehmen, um einen kurzen Film zu betrachten. ______
3. Dadurch, dass die Gebrüder Lumière 1895 im ‚Grand Café' in Paris eigens einen Raum für derartige Vorführungen einrichteten, nahm die Geschichte des Kinos ihren Anfang. ______
4. Obwohl anfangs die gezeigten Filme nur etwa eine Minute lang waren, genügte der Reiz der ‚lebenden Bilder' als Publikumsmagnet. ______
5. Allmählich entwickelten sich richtige Dokumentar- und Spielfilme, nachdem die Technik weiter fortschritt. ______
6. Statt mit Projektor und Film von Ort zu Ort zu wandern, richteten die Filmvorführer etwa ab 1900 feste Räume als Kinos ein. ______
7. Die gesamte Filmproduktion wuchs so stark an, dass sich immer mehr Genres entwickelten und die ersten Filmstars gefeiert wurden. ______

8. Da der Film zunehmend als eigene Kunstform Anerkennung fand, wurden Filmpaläste wie einst Theater- oder Opernhäuser ausgestattet. ______________________

____

9. Um die allmählich komplexer werdenden Handlungsstränge der Stummfilme dem Publikum zu vermitteln, gab es zuerst sogenannte ‚Filmerklärer', später eingeblendete Unter- oder Zwischentitel. ______________________

____

10. Nachdem mehrere Versuche, Filme mit Ton zu versehen, gescheitert waren, gelang es 1926 mit der sogenannten Nadeltontechnik einen ersten abendfüllenden Spielfilm als Tonfilm aufzuführen. ______________________

____

11. Doch bevor die ersten Farbfilme entstanden, sollten noch einige Jahre vergehen.

____

____

12. Obwohl einige Jahrzehnte lang Kinos immens erfolgreich waren, sanken mit der Verbreitung der Fernsehapparate in den späten 50er-Jahren die Besucherzahlen.

____

____

13. Große Säle wurden in mehrere kleinere aufgeteilt, weil die Besucher fehlten.

____

____

14. Seitdem es 3D-Filme gab, kam es zu einem kurzzeitigen Wiederaufleben der Besucherzahlen, dann jedoch setzte sich das Kinosterben fort. ______________________

____.

15. Obschon das Interesse der Massen stark zurückgegangen ist, hat sich der Markt, wenn auch auf niedrigem Niveau, als besondere Kultursparte konsolidiert.

____

____

J4 Betrugsversuch – Nominalisierung, auch mit Adverbien und Negation

Arbeiten Sie die Unterschiede heraus zwischen dem erzählenden Stil der alten Dame, die bei der Polizei einen Betrugsversuch zur Anklage bringt, und dem sachlichen Bericht des Polizeibeamten: Verwenden Sie dabei für den Polizeibericht so viel wie möglich das Stilmittel der Nominalisierung.

Erzählung der Dame	Polizeibericht
1. Als ich morgens meinen Kaffee trank, klingelte es an der Haustür.	a) *Beim morgendlichen Kaffeetrinken der Dame klingelte es an der Haustür.*
2. Ich versuchte es zu ignorieren, weil ich noch nicht korrekt gekleidet war.	b) ______
3. Nachdem es jedoch mehrere Male geklingelt hatte, ging ich zur Haustür.	c) ______
4. Da der Mann, der sich vor meiner Haustür befand, sehr zwielichtig aussah, war mir sofort bewusst, dass ich mich in einer ernsten Lage befand.	d) ______
5. Nachdem er einen Ausweis vorgezeigt hatte, mit dem er versuchte, sich als Angestellter der Stromwerke dieser Stadt auszugeben, verlangte er Zugang zum Stromzähler.	e) ______
6. Er sagte, mein Stromverbrauch sei eine Woche lang überprüft worden und habe ergeben, dass das Stromwerk keine Zählung feststellen konnte.	f) ______

Erzählung der Dame	Polizeibericht
7. Wenn er den Zähler jetzt kontrolliere, könne er entscheiden, ob dieser, weil er schon sehr alt war, bald ausgetauscht werden müsse.	g)
8. Ich täuschte vor, mein Bein würde so sehr schmerzen, dass ich nicht mit ihm in den Keller gehen könnte und bat ihn, beim Nachbarn zu klingeln, der immer gern zu helfen bereit ist.	h)
9. Daraufhin reagierte der Mann nervös und verschwand. Er gab vor, er müsse sein Auto umparken, da die Straße jetzt so viel befahren sei.	i)

J5 Alles klar? – Verbalisierung

Was besagen die folgenden Stichpunkte? Formulieren Sie ganze Sätze und verbalisieren Sie dabei die Nominalphrasen.

1. Bevorzugung des Nominalstils durch Wissenschaftler und Behörden in fachsprachlichen Texten aufgrund der informationellen Komplexität trotz der Kürze der Formulierungen → *Wissenschaftler und Behörden bevorzugen den Nominalstil in fachsprachlichen Texten, weil diese komplex sind an Informationen, obwohl sie kurz formuliert werden.*
2. Infolge der häufigen Unverständlichkeit nominalstillastiger Texte Kritik und Infragestellung der Sinnhaftigkeit → __________.
3. Notwendigkeit der Beherrschung des Nominalstils durch Deutschlernende zur Verbesserung ihrer Verständnisfähigkeit behördlicher Texte → __________.
4. Anführung beispielhafter Sätze zur Erhöhung der Fertigkeit Deutschlernender im Umgang mit Nominalstil → __________.
5. Möglichkeit der sofortigen Inanspruchnahme von Sozialhilfe durch Bezugsberechtigte → __________.
6. Bitte des Veranstalters um umgehende Benachrichtigung im Verhinderungsfall von Gästen → __________.
7. Belastung des Vorgeladenen bei Ausbleiben mit verursachten Gerichtskosten → __________.

J6 Virtuoses – Partizipialsätze

Formen Sie die Partizipien bzw. Partizipialsätze in Relativ- oder Adverbialsätze um und umgekehrt.

1. Das Publikum im Kaisersaal, der bis auf den letzten Platz besetzt ist, erwartet Großes von dem hochgelobten Cellisten. *Das Publikum im Kaisersaal, besetzt bis auf den letzten Platz, erwartet Großes vom hochgelobten Cellisten.*
2. Da betritt er die Bühne, von jubelndem Beifall begrüßt. __________
3. Er nimmt Platz, sitzt fast abwesend da, den Blick in die Ferne richtend, als der Dirigent seinen Taktstock hebt und im Saal angespannte Stille herrscht. __________
4. Indem sie präzise einsetzen, lassen die Musiker den vollen Klang des Orchesters ertönen. __________
5. Nach den einleitenden Akkorden stimmt der Solist, kraftvoll den Bogen führend, seinen ersten Solopart an. __________
6. Der Solist zeigt sein ganzes Können, indem er in der Melodiegestaltung seine interpretatorischen Freiheiten auskostet. __________
7. Solist, Dirigent und Orchester, gleichsam in gemeinsamer Sprache vereint, lassen Lalós Cellokonzert zu einem einzigartigen Erlebnis werden. __________

8. Die Musiker, die von frenetischem Applaus belohnt werden, verneigen sich nach dieser mehr als gelungenen Vorstellung. ___

9. Auch die Zuhörer, beglückt von diesem außergewöhnlichen Klangerlebnis, kehren mit dem Wissen nach Hause zurück, dass sie einer besonderen Aufführung beiwohnen durften. ___

10. Das Cellokonzert von Edouard Laló, das 1876 entstanden ist und ein Jahr später uraufgeführt wurde, zählt zu den wunderbarsten der gesamten Celloliteratur.

___

Tipp

Wie in J6 zu sehen, können Partizip I (gleichzeitig) oder Partizip II (abgeschlossen) in Relativ-, Adverbial- oder, wenn sie mit weiteren Angaben auftreten, in Partizipialsätze umgewandelt werden:

der kraftvoll den Bogen führende Solist → *der Solist, kraftvoll den Bogen führend,*
die von langem Applaus belohnten Musiker → *die Musiker, von langem Applaus belohnt,*

aber:
Partizip I + *‚zu'* (Notwendigkeit, Möglichkeit) = Gerundiv kann nur attributiv bzw. in passivischen Varianten von Relativsätzen verwendet werden:

das einzuübende Solo → *das Solo, das man einüben muss / ..., das eingeübt werden muss / ..., das einzuüben ist*
das schwer zu beherrschende Instrument → *das Instrument, das man schwer beherrschen kann / ..., das schwer beherrscht werden kann / ..., das schwer zu beherrschen ist / ..., das sich schwer beherrschen lässt*

J7 Verschachtelt – Satzgefüge: Nebensätze verschiedenen Grades

Markieren Sie die Satzteile: Unterstreichen Sie den Hauptsatz und bezeichnen Sie in Klammern den Grad des Nebensatzes (I, II, ...) wie im Beispiel. Ein ‚+' bezeichnet einen fortgeführten Nebensatz.

1. Von Seiten des Vorstands werde es, sofern sich die momentane Situation nicht eklatant ändern sollte (I), keine weiteren Beschränkungen geben, da der Fortbestand der Firma (I), wenn auch in verkleinerter Form (II), das einzige Ziel aller Bemühungen ist (I+).
2. Die große Buche im Garten, fein überzogen mit silbrigem Raureif _____, der schon vom nahenden Winter kündete_____, erstrahlte so hell vor der aufgehenden Sonne, dass Lena geblendet ihren Blick abwandte _____.
3. Ehrlich gesagt sind die Werbeeinspielungen, die sich auf jeder Internetseite öffnen _____, eine Zumutung, da sie ständig die Konzentration stören _____, auch wenn man sie nur zur Kenntnis nimmt _____, um sie wegzuklicken _____.
4. Er spürte genau, dass diese Begegnung _____, obschon auf den ersten Blick nebensächlicher Natur _____, folgenschwer sein könnte _____, wenn es ihm _____, auch wenn er die übliche Unsicherheit empfand _____, gelingen könnte _____, sich einzugestehen _____, wie sehr diese Frau ihn beeindruckt hatte _____.
5. Einem die Verdauung stimulierenden Schnaps, der vor dem üppigen Menü angeboten wird _____, sollte der Gast nicht ablehnend gegenüberstehen, um die Einladung in guter Erinnerung zu behalten _____, da die weiteren Gänge _____, die über den ganzen Abend verteilt gereicht werden _____, für den Magen _____, wenn auch in kulinarischer Hinsicht einzigartig _____, durchaus als Herausforderung gesehen werden können _____.

Tipp

Diese Übung (besonders die Sätze 3. und 5.) soll Sie NICHT motivieren, ähnliche ‚Schachtelsätze' zu bilden, sondern Ihnen nur dabei helfen, sie zu verstehen! Klarheit ist immer oberstes Ziel und man kann es ruhig der Literatur überlassen, in ihrem künstlerischen Ausdruck derartig mit der Sprache zu spielen ...

J8 Segensreicher Zufall – Satzgefüge: Kommasetzung

An welchen Stellen müssen Sie Kommata setzen? Markieren Sie mit einem Schrägstrich.

Ein reiner Zufall war es / der zu der Entdeckung einer Substanz geführt hat bei der es sich um eine der bedeutendsten der gesamten Medizingeschichte handeln sollte. Alexander Fleming geboren 1881 in einem kleinen schottischen Dorf hatte vor seinem Urlaub vergessen alle Petrischalen in denen er Bakterien gezüchtet hatte zu reinigen. Bei seiner Rückkehr ins Labor entdeckte er dass sich ein Schimmelpilz gebildet hatte und in dessen Umgebung keine Bakterien mehr zu entdecken waren. Den bakterientötenden Stoff nannte er Penicillin und beschrieb ihn und seine Wirkkraft erstmals 1929 in einer medizinischen Fachzeitschrift wenngleich er nicht der erste Wissenschaftler war dem ein Zusammenhang zwischen Schimmelpilzen und Bakterienwachstum aufgefallen war wie sich später herausstellte. Erstaunlicherweise fand diese Entdeckung in der Fachwelt immer noch wenig Resonanz weshalb der Stoff noch nicht als Medikament eingesetzt wurde was erst zehn Jahre später in ersten klinischen Tests durchgeführt von Howard W. Florey und Ernst B. Chain erfolgte. Nachdem in den USA die Forschung weiter vorangetrieben wurde konnte Penicillin dort bald in großem Maße produziert werden und kam im Zweiten Weltkrieg bei den Verwundeten der Alliierten zum Einsatz. Den Nobelpreis für diese bahnbrechende Entdeckung die unzählige Menschenleben rettete erhielten 1945 Fleming Chain und Florey zusammen. Deutschland lange Zeit auf die Weiterentwicklung von Sulfonamiden angewiesen konnte Penicillin bis 1949 nur importieren bis auch hier eine eigene Produktion begann. Bei der Rede anlässlich der Verleihung des Nobelpreises betonte Fleming jedoch wie wichtig eine konsequente langandauernde und gezielte Behandlung sei um nicht Resistenzen zu begünstigen was sich leider als wahr herausgestellt hat da resistente Bakterien eines der drängendsten Probleme der heutigen Medizin sind ungeachtet der großen Menge an verschiedensten Antibiotika.

J9 Du bist, was du isst? – Satzpositionen der Modalwörter

Fügen Sie die Modalwörter an die passende Position im Satz ein. Setzen Sie sie allerdings nicht an den Satzanfang, was natürlich immer möglich wäre.

1. *zweifellos*: Wie der Mediziner und Journalist Werner Bartens schreibt, herrscht seit den 70er-Jahren reiner Terror durch die Ernährungswissenschaft. *…, herrscht seit den 70er-Jahren zweifellos reiner Terror durch die Ernährungswissenschaft.*
2. *angeblich*: Die Publikationen zu den gesundheitsschädigenden Wirkungen bestimmter Nahrungsmittel häufen sich. ______
3. *eigentlich*: In vielen Fällen erkennt der interessierte Verbraucher, dass sie sich sogar widersprechen. ______
4. *bestimmt*: Da besagt die eine Studie, dass häufiger Kaffeegenuss positive Auswirkungen aufs Herz habe. ______
5. *grundsätzlich*: Die Gegenstudie bescheinigt dem Kaffee als Nervengift eine schädliche Wirkung. ______
6. *gewiss*: Zum tieferen Verständnis einer Studie ist es hilfreich, sich den Auftraggeber anzuschauen. ______
7. *bekanntlich*: Wirtschaftliche Interessen haben häufig einen höheren Stellenwert als wissenschaftliche Erkenntnis. ______
8. *jedenfalls*: Nach Bartens ist es am wichtigsten, ohne schlechtes Gewissen und mit Freude am Genuss sein Essen zu sich zu nehmen. ______

9. *Im Prinzip*: Auch sollte laut Bartens der einfache Grundsatz gelten, dass die Nahrungsmittel die gesündesten sind, die so nah wie möglich am originalen Produkt sind. ______________________________

____

Tipp

Nur die Modalwörter *nämlich* und *wirklich* können nicht am Satzanfang stehen, alle anderen Modalwörter aus der Übung J9 können auch am Anfang stehen.

J10 Ja, was denn nun? – Position der Negation

Negieren Sie die Sätze und achten Sie dabei auf die Position der Negation.

1. Täglicher Kaffeegenuss senkt das Risiko für Herzinfarkt und Schlaganfall.
   Täglicher Kaffeegenuss senkt das Risiko für Herzinfarkt und Schlaganfall nicht.
2. Kaffee kann die Haut vor Zellschäden schützen. ______________________________

   ____
3. Nahrungsergänzungsmittel können Vitamine und Mineralien ersetzen, die man nicht genug durch Obst und Gemüse zu sich nimmt. ______________________________

   ____
4. Die gesundheitsförderliche Wirkung mäßigen Rotweingenusses ist eindeutig bewiesen. ______________________________

   ____
5. Der in Obst enthaltene Fruchtzucker verursacht Erhöhung des Blutdrucks. ______________________________

   ____

   ____
6. Fette sind als Energielieferanten unabdingbar notwendig für den Körper. ______________________________

   ____
7. Fette gelten als Verursacher von Übergewicht und Herzkrankheiten. ______________________________

   ____

K Satzzusammenhänge

K1 Zugehörigkeit – Temporale Zusammenhänge

Markieren Sie in den umgeformten Sätzen das korrekte Adverb bzw. die korrekte Konjunktion.

1. *Zeit seines Lebens* sehnt sich der Mensch als soziales Wesen nach dem Gefühl der Zugehörigkeit.

   Wenn / Solange er lebt, sehnt sich der Mensch als soziales Wesen nach dem Gefühl der Zugehörigkeit.

2. *Mit dem Empfinden, von anderen wirklich wahrgenommen zu werden,* fühlt er sich gesehen und respektiert.

   Wenn / Seitdem er empfindet, von anderen wirklich wahrgenommen zu werden, fühlt er sich gesehen und respektiert.

3. Dieses Lebensgefühl, nicht dazuzugehören, erleben manche Menschen oft *seit ihrer Kindheit* als wiederkehrendes Muster.

   Oft haben manche Menschen dieses Lebensgefühl, nicht dazuzugehören, bereits in der Kindheit erfahren. *Inzwischen / Seitdem* erleben diese Menschen das als wiederkehrendes Muster.

4. *Bis zur Veröffentlichung der Studie von Reg A. Williams* über mangelndes Zugehörigkeitsgefühl wurde es als Indikator für Depressionen unterschätzt.

   Reg A. Williams veröffentlichte eine Studie über mangelndes Zugehörigkeitsgefühl. *Bis dahin / damals* wurde es als Indikator für Depressionen unterschätzt.

5. *Nach der Erfahrung mancher Kinder*, in ihrer eigenen Familie nicht verstanden zu werden, müssen sie als Erwachsene lernen, dass Verbundenheit mit Menschen möglich ist.

   Nachdem / ehe manche als Kinder erfahren haben, in ihrer eigenen Familie nicht verstanden zu werden, müssen sie als Erwachsene lernen, dass Verbundenheit mit Menschen möglich ist.

K2 Achtsamkeit und Zeit – Temporale Zusammenhänge

Ergänzen Sie die Lücken mit den passenden Präpositionen, Adverbien oder Konjunktionen aus dem Schüttelkasten.

bevor • bis dahin • wann immer • bei jedem • ~~seitdem~~ • während • bis • sooft • vor • danach • gleichzeitig • zugleich • nachdem

Zeitmanagement ist ein begehrtes Fortbildungsthema in allen Betrieben, seitdem (1) erkannt wurde, wie wesentlich die optimale Nutzung der zur Verfügung stehenden Zeit ist. Festgelegte Zeitfenster takten das Berufsleben der Menschen immer stärker. Eine Frist endet, und ________ (2) muss ein bestimmtes Arbeitspensum erledigt werden. ________ (3) laufen die alltäglichen Anforderungen weiter, was ________ (4) dem endgültigen Abschluss dieser speziellen Aufgabe zu ständig erhöhtem Stresspegel führt. ________ (5) das Burn-Out-Syndrom zu einem treuen Begleiter unserer modernen Arbeitswelt geworden war, kamen verhaltenstherapeutische Maßnahmen wie das Achtsamkeitstraining auf. Sich ________ (6) seines Arbeitslebens weder physisch noch psychisch zu ruinieren, sondern sich, ________ (7) das ersehnte Rentenalter eintritt, trotz erfüllten Berufslebens bester Gesundheit zu erfreuen und sein Leben zu genießen, ist das Ziel. Um Selbstausbeutung vorzubeugen, lernt man, ________ (8) der Druck zu groß wird, sich auf sich selbst zurückzuziehen und sich aufs Hier und Jetzt zu konzentrieren. Mit dem Erlernen der Fähigkeit, wahrzunehmen ohne ________ (9) zu bewerten, gelingt es einem, eine Distanz zwischen Reiz und Reaktion herzustellen. ________ (10) ist es einfacher, Prioritäten zu erkennen und mit kühlem Kopf Zeitpläne aufzustellen. Wird diese Technik trainiert, schafft man es allmählich, ________ (11) Anstieg des Zeitdrucks bewusst den ungesunden Stress dabei außen vor zu lassen. Denn die motivierende Wirkung, die einsetzt, ________ (12) der Adrenalinpegel steigt, erzielt auch Leistungssteigerung in positivem Sinn, muss aber kontrolliert werden, ________ (13) sie ins Gegenteil umschlägt.

K3 Wirtschaftskrise – Konditionale Zusammenhänge

Formen Sie mithilfe des in Klammern angegebenen Wortes den Satz um wie im Beispiel.

1. Weltweit werden bei einem starken Anstieg der Krankheitsfälle Lockdowns angeordnet, außer wenn auf freiwillige Selbstbeschränkung der Menschen gesetzt wird. *(andernfalls)* Weltweit werden bei einem starken Anstieg der Krankheitsfälle Lockdowns angeordnet, andernfalls wird auf freiwillige Selbstbeschränkung der Menschen gesetzt.
2. Es wurde angekündigt, dass es im Falle wiederholter Missachtung der Regeln zu strengeren Maßnahmen kommen werde. *(sofern)* ______
3. Gesetzt den Fall, dass Einbußen im Wirtschaftswachstum zu erwarten sind, müssen die Notenbanken unterstützend eingreifen. *(bei)* ______
4. Angenommen, dass sich in Krisenzeiten die Tendenz zu einer zunehmenden Konzentration auf wenige mächtige Unternehmen in der Wirtschaft verstärkt, würde sich die Verteilung der Einkommen immer ungleicher entwickeln. *(mit)* ______
5. Unter der Voraussetzung einer länger anhaltenden Wirtschaftskrise werden die Existenzbedingungen für kleinere Unternehmen immer schwieriger. *(vorausgesetzt, dass)* ______

K4 Gendern – Kausale Zusammenhänge

Ergänzen Sie die Lücken mit den passenden Präpositionen, Adverbien oder Konjunktionen aus dem Schüttelkasten.

nämlich • ~~wegen~~ • kraft • aufgrund • mangels • eben • zumal • angesichts • deshalb • weil • aus diesem Grund • dank • da

Deutsche Texte hinterlassen heutzutage *wegen* (1) gehäuft auftretender Unterstriche, Sternchen, Binnen-I oder ‚x'-Endungen zunehmend Verwirrung. Hier ist eine Bandbreite an Reaktionen von Begeisterung bis hin zu Empörung zu beobachten, ___________ (2) es noch keine Einigkeit im Gebrauch gibt. Doch eine Sprache, die ihre Nomen ___________ (3) von Artikeln und Endungen außergewöhnlich klar einem bestimmten Geschlecht zuordnet, sieht sich ___________ (4) in einer veränderten Gesellschaft vor das Problem gestellt, dieser so anders gewordenen Realität Rechnung tragen zu müssen. Dies wird von Kritikern mit dem Argument angezweifelt, dass ja Endungen von z. B. Berufsbezeichnungen nur grammatikalisch maskulin seien. ___________ (5) seien alle Frauen automatisch mitgemeint. Das greift allerdings zu kurz, da ___________ (6) dann männliche Krankenpfleger oder Entbindungshelfer auch unter den traditionellen Berufsbezeichnungen ‚Krankenschwester' oder ‚Hebamme' subsummiert werden müssten – undenkbar! Die nun auch vom Duden ___________ (7) seiner Funktion als ‚Rat für deutsche Rechtschreibung' durchaus maßgebliche Kenntlichmachung beider Geschlechter ist dem einen längst überfällige Gleichberechtigung, dem anderen ‚Genderwahn'. In der Genderforschung wurde die Forderung nach Veränderung laut, ___________ (8) sich in Sprache historisch-gesellschaftlich gewachsene Machtstrukturen abbilden, die sich im Umkehrschluss ___________ (9) gewohnter Sprache auch umso länger halten. Genau ___________ (10) beharren konservative Kreise gern auf Sprachgewohnheiten. ___________ (11) eine endgültige Festschreibung neuer Sprachregelungen noch auf sich warten lässt, bleibt die sprachliche Ausdrucksform ___________ (12) eindeutiger Regeln jedem selbst überlassen, was ___________ (13) der hitzigen Diskussion zunehmend zur weltanschaulichen Positionierung gerät.

K5 Kurz erklärt – Kausale Zusammenhänge: *aus* und *vor*

Ordnen Sie die Sätze jeweils der passenden Präposition zu.

aus

vor

1. Aus Eifersucht hat er seinen Rivalen erstochen.
2. Ihre Hände zitterten ______ Aufregung stark.
3. Die alte Dame fing ______ Freude an zu weinen.
4. ______ beruflichen Gründen musste ich den Urlaub abbrechen.
5. Letzten Monat wurde mir ______ Versehen kein Gehalt überwiesen.
6. ______ Panik kommt es bei Katastrophen oft zu Fehlentscheidungen.
7. Dem Hund sträubte sich ______ Angst das Nackenfell.
8. ______ Verlegenheit wurde dem Jungen ganz heiß.
9. Manche Schüler melden sich ______ Schüchternheit nie zu Wort.
10. Das Verbrechen wurde ______ Jähzorn begangen.
11. Er lief ______ Zorn rot an.
12. ______ Boshaftigkeit hatte der Vermieter den Brief weggeworfen.

Tipp

aus → bewusste Handlung, basierend auf einer Emotion, Eigenschaft oder Einstellung / Kombination mit ‚Gründen': *aus Wut kündigen*
Feste Redewendung: *aus Versehen*

vor → unkontrollierte, unbeabsichtigte, meist körperliche Reaktion auf Emotion: *vor Freude weinen*

K6 Energiewende – Konzessive Zusammenhänge

Verbinden Sie die beiden Sätze mit den angegebenen konzessiven Konjunktionen, Präpositionen und Adverbien und formulieren Sie entsprechend um.

1. Als Antwort auf den Klimawandel kommt auch Atomkraft wieder in die Diskussion. Atomkraft ist die teuerste Energieform. *(trotzdem / obwohl)*

   Atomkraft ist die teuerste Energieform, trotzdem kommt sie als Antwort auf den Klimawandel wieder in die Diskussion. / Obwohl sie die teuerste Energieform ist, kommt als Antwort auf den Klimawandel auch Atomkraft wieder in die Diskussion.

2. Die erneuerbaren Energien werden massiv ausgebaut. Es gibt noch nicht genug Transportnetze. *(trotz / auch wenn)* __________

3. Der Ausbau der Windenergie als kostengünstigster Energielieferant ist wesentlich. Bestimmte Gebiete müssen aus Naturschutzgründen ausgeschlossen werden. *(allerdings / ungeachtet)* __________

4. Gerade seltene Vogelarten sind durch Kollisionen mit den Rotorblättern gefährdet. Naturschutzorganisationen unterstützen Windkraft als Energielieferanten. *(zwar … aber dennoch / auch bei)* __________

5. Deutschland investiert viele Milliarden in die Energiewende. Die nationalen Klimaziele zur Senkung der Treibhausgasemission werden bislang verfehlt. *(obgleich / selbst bei)* ____________________

____

____

____

____

6. Die großen Energiekonzerne kämpfen gegen die Unabhängigkeit von fossilen Energieträgern. Als Ziel gilt, dass bis in absehbarer Zeit der gesamte Strombedarf in Deutschland mit umweltfreundlichen Energien gedeckt werden soll. *(ungeachtet der Tatsache, dass / bei all)* ____________________

____

____

____

____

____

7. Die Kosten für eine Photovoltaikanlage für ein Einfamilienhaus liegen bei ein paar tausend Euro. Nach etwa zehn Jahren haben sich diese Kosten amortisiert. *(wenn ... auch / dennoch)* ____________________

____

____

____

____

Tipp

trotz des Mangels an Transportnetzen	→ *trotz* + Genitiv
trotz Mangel an Transportnetzen	→ ohne Artikel entfällt das Genitiv-‚s‘
trotz dem Widerstand der Wissenschaft	→ bei zwei Genitiven: *trotz* + Dativ
trotz Widersprüchen	→ im Plural ohne Artikel: *trotz* + Dativ

→ So auch bei *wegen* und *mangels!*

K7 Unbezahlbarer Wohnraum – Konsekutive Zusammenhänge

Bilden Sie Sätze aus den Satzteilen und benützen Sie dabei die konsekutive Konjunktion, Präposition oder das Adverb. Achten Sie auf die korrekten Verbformen und Endungen.

1. *infolge*: zunehmende Attraktivität großer Städte – immer mehr Menschen – es – in die Ballungsräume – ziehen *Infolge der zunehmenden Attraktivität großer Städte zieht es immer mehr Menschen in die Ballungsräume.*

2. *sodass*: die Annehmlichkeiten – großstädtisches Leben – die Verbesserung – der öffentliche Nahverkehr – und – innerstädtische Erholungsgebiete – Großstädte – lebenswert machen – sich vorstellen können – zahlreiche Menschen – mehr – kein anderes Leben ______

3. *also, demzufolge*: die sogenannten ‚Bildungswanderer' – in die Städte – meist junge Menschen – mit dem Ziel –- Ausbildung oder Studium – ziehen – und – hauptsächlich – die Anzahl an Singlehaushalten – wachsen ______

4. *infolgedessen*: jedoch – weit zurückbleiben – das Angebot an Wohnraum – hinter der Nachfrage – die Mietpreise – ins Unermessliche – steigen ______

5. *folglich*: knapp werden – für – einkommensschwache Familien – und – Alleinerziehende – bezahlbarer und sozial verträglicher Wohnraum – besonders ______

K8 Eisiges Ziel der Träume – Finale Zusammenhänge

Ergänzen Sie die fehlenden Konjunktionen, Adverbien und Präpositionen aus dem Schüttelkasten.

um ... zu • für • zum Zwecke • ~~damit~~ • dafür • um ... zu •
dafür • um ... willen • für • zur • damit

Bereits als 16-Jähriger unternahm Roald Amundsen mit Schulkameraden winterliche Wanderungen durch die Berge, *damit* (1) sich sein Körper an die Strapazen in Schnee und Eis gewöhnen konnte. Seine ganze Leidenschaft galt der Polarforschung, und ________ (2) gab er später auch das auf Wunsch der Mutter hin begonnene Medizinstudium auf. Doch erst der Tod seiner Mutter öffnete ihm endgültig den Weg ________ (3) weiteren Verfolgung seines Traums. Zunächst fuhr er zur See, doch während dieser Zeit bestieg er auch die meisten der zahlreichen norwegischen Gletscher, ________ (4) Erfahrungen ____ sammeln und sein Wissen zu vervollkommnen. Danach hielt er sich ________ (5) einer Unterweisung in geomagnetischen Messtechniken durch den bekannten Physiker Georg von Neumayer in Hamburg auf. ________ (6) die Erkundung der Nordwestpassage benutzte Amundsen eine nur 20 m lange Segeljacht, was ihn 1906 zum Nationalhelden Norwegens werden ließ und seine Fertigkeiten als Kapitän unter Beweis stellte. Nun wollte er endlich zum Nordpol, ________ (7) des Ruhmes ________, diesen als erster Mensch zu erreichen. Als jedoch Robert Edwin Peary behauptete, 1909 am Nordpol gewesen zu sein – was in der Folge stark bezweifelt wurde – richtete er sein Interesse auf den Südpol. ________ (8) rüstete er ein Schiff für eine Antarktis-Expedition aus, ohne jedoch sein Ziel öffentlich bekannt zu geben, ________ (9) keine Rivalität zwischen Norwegen und Großbritannien ____ verursachen, dessen Polarforscher Robert Falcon Scott zeitgleich aufgebrochen war. ________ (10) die Expedition nicht gefährdet war, teilte er auch der Mannschaft sein eigentliches Ziel erst während der Reise mit. Tatsächlich erreicht er den Nordpol vor seinem Rivalen Scott und war damit ein berühmter Forscher, der ________ (11) seine Vorträge ganz Europa bereiste.

K9 Europa – Modale Zusammenhänge

Verbinden Sie die Sätze jeweils auf verschiedene Arten mit der Konjunktion, Präposition oder dem Adverb in Klammern.

1. Der Vertrag von Lissabon legt gemeinsame Interessen und Ziele der Mitgliedsländer der Europäischen Union fest. Sie versuchen, eine einvernehmliche Außen- und Sicherheitspolitik zu verfolgen. *(dadurch, dass / mittels)* Dadurch, dass der Vertrag von Lissabon gemeinsame Interessen und Ziele festlegt, versuchen die Mitgliedsländer der EU, eine einvernehmliche .... / Mittels der Festlegung gemeinsamer Interessen und Ziele im Vertrag von Lissabon versuchen die Mitgliedsländer der EU eine einvernehmliche ...

2. Europa wird kulturell, politisch, geologisch oder ökonomisch betrachtet. Es kommt jeweils zu unterschiedlichen Definitionen. *(je nachdem / bei)* __________

3. Man muss das positive Wanderungssaldo einrechnen. Dann ergibt sich ein Bevölkerungswachstum trotz rückläufiger natürlicher Bevölkerungsentwicklung. *(unter Zuhilfenahme / damit / ohne ... zu!)* __________

4. In manchen Mitgliedsländern werden hohe Sozialleistungen gezahlt. Es gelingt, die Armutsgefährdungsquote zu senken. *(je ... umso / indem / durch)* __________

K10 Mobilität und Flexibilität gefragt – Zusammenhänge: Gesamtübung

Formen Sie den Text um, indem Sie statt der markierten Präpositionen Konjunktionen aus dem Schüttelkasten verwenden und umgekehrt.

mit • weil • ~~sodass~~ • da • um … zu • auf diese Weise • bei

Infolge der globalisierten Arbeitswelt heutzutage sind die Anforderungen an die Bereitschaft zur Mobilität hoch. (1) Von den Beschäftigten wird, ungeachtet der Tatsache, dass dies mitunter schwerwiegende psychische und physische Konsequenzen nach sich zieht, ein hohes Maß an Flexibilität erwartet. (2) Je größer die Distanzen sind, die dabei überwunden werden, desto massiver werden die Beeinträchtigungen der gesamten Lebensplanung. (3) Der IT-Spezialist aus Indien, der sich um seiner Karriere willen in den USA bewirbt, gibt sein gesamtes Lebensumfeld auf, der Niederbayer, der täglich wegen einer dort besser bezahlten Arbeitsstelle nach München pendelt, verbringt drei Stunden des Tages im Zug. (4) Gemeinsam ist beiden, dass es aufgrund der Auflösung einer festen örtlichen Bindung zu einer Lockerung der sozialen Bindungen bis hin zur Vereinsamung kommt. (5) Dieser Entwicklung entsprechend wandelt sich der Begriff Heimat hin zu einem Gefühl der Verbundenheit mit bestimmten Menschen. (6)

Die Arbeitswelt heutzutage ist globalisiert, sodass die Anforderungen an die Bereitschaft zur Mobilität hoch sind. (1)

Lösungen

Teil 1 **Wortschatz**

A Mensch und Tier

A1 b) besserwisserisch – c) charmant + d) diskret + e) erbarmungslos – f) fürsorglich + g) gewissenhaft + h) häuslich + i) idealistisch + j) jähzornig – k) kleinlich – l) launisch – m) mitteilsam + n) nachsichtig + o) oberflächlich – p) pflichtbewusst + r) rechthaberisch – s) starrsinnig – t) träge – u) uneigennützig + ü) überheblich – v) vertrauenswürdig + w) warmherzig + z) zielstrebig +
2. gewissenhaft 3. jähzornig 4. erbarmungslos 5. kleinlich 6. träge 7. nachsichtig 8. fürsorglich 9. überheblich 10. starrsinnig

A2 1. widersprechen 2. vorbeigeredet 3. mitreden 4. besagen 5. absprechen 6. herbeireden 7. abgesprochen (besprochen) 8. versagte 9. eingeredet 10. ausreden 11. zureden 12. herumgesprochen 13. entspricht/entsprach 14. nachgesagt 15. besprochen (abgesprochen), auszusagen 16. untersagt

A3 2k 3m 4g 5l 6n 7a 8b 9t 10c 11q 12s 13j 14i 15p 16e 17r 18o 19f 20d
2. stottert 3. jammert (lästert) 4. schimpfen 5. jubeln 6. lästern 7. murmelte (flüsterte, schimpfte, stammelte) 8. rügen (loben) 9. schluchzen 10. geschmeichelt 11. flüstern 12. schreit 13. gedroht 14. tuscheln 15. stammelt (murmelt) 16. fleht 17. lobend 18. gemahnt 19. prahlt 20. Schweigen (*Nomen!*)

A4 2. ~~fluchen~~ 3. ~~warnen~~ 4. ~~würdigen~~ 5. ~~blenden~~ 6. ~~besänftigen~~

A5 1. miauen 2. wiehern, muhen, grunzen 3. kräht, gackern, schnattern 4. blöken, meckern 5. summt, zirpt, quakt 6. krächzt, gurrt, klappert 7. heulen, brüllen, schreien 8. brummen, trompeten

A6 2. sitzen Forscher im Elfenbeinturm: sind Forscher elitär und realitätsfern 3. nach den eigenen vier Wänden: nach Immobilieneigentum 4. ihren Bürgern Obdach gewähren: ihren Bürgern eine Unterkunft zur Verfügung stellen 5. Die berühmteste Ruine: Das berühmteste zerstörte Bauwerk 6. Bleibe: Unterkunft 7. entstanden die sogenannten Plattenbauten: wurden in Schnellbauweise Hochhäuser errichtet 8. ihr neues Domizil: ihren neuen Sitz 9. mit den meisten Wolkenkratzern: mit den meisten Hochhäusern 10. Herrenhäuser: herrschaftliche Wohngebäude 11. Scheunen: Getreidehallen 12. In den Buden: In den aufgestellten Verkaufsständen 13. Welch Glanz in meiner Hütte! – Welch unerwartet hoher Besuch!

A7 2. der Ameisenhügel 3. das Wespennest 4. das Mäuseloch 5. der Adlerhorst 6. der Fuchsbau 7. die Biberburg 8. die Seehundbank 9. die Hundehütte 10. der Hühnerstall 11. der Bienenstock 12. der Taubenschlag 13. der Goldfischteich 14. das Haifischbecken 15. das Affenhaus 16. das Elefantengehege

A8 2. flaniert/Flaniermeile 3. schreitet/Schreitvogel 4. marschiert/Marschroute 5. krabbeln/Krabbelgruppe 6. hetzen/Hetzjagd 7. schleicht/Schleichwerbung 8. stampft/Stampfrhythmus

A9 *langsam:* flanieren, schleichen, schlendern, schreiten, trödeln *schnell:* hasten, hetzen, huschen, rasen *unsicher:* tapsen, taumeln, torkeln, wanken *geräuschvoll:* schlurfen, stampfen, stapfen, trampeln

A10 2b tapsen/der Bär 3h hoppeln/der Hase 4c hüpfen/das Eichhörnchen 5a krabbeln/die Ameise 6n kriechen/die Schnecke 7m sich schlängeln/der Regenwurm 8g stolzieren/der Hahn 9i tippeln/der Igel 10e watscheln/die Ente 11k schwirren/die Mücke 12d trampeln/der Elefant 13j huschen/die Maus 14l galoppieren/das Pferd

A11 2. Mehrlingsgeburten, Vierlinge 3. Säuglinge, Winzlinge 4. Schäferhundmischling, Mischling 5. Schützlinge, Lieblingstier 6. Häftlingen 7. Eindringling 8. Flüchtlinge, Neuankömmlinge, Flüchtlingsheimen 9. Günstlingswirtschaft, Günstlinge 10. Schädlingen, Schädlingsbekämpfung 11. Frischlinge
Nomen + *-ling*: Gunst/Günstling, Haft/Häftling, Strafe/Sträfling
Verben + *-ling*: eindringen/Eindringling, flüchten/Flüchtling, lieben/Liebling, mischen/Mischling, neu ankommen/Neuankömmling, saugen/Säugling, schaden/Schädling, schützen/Schützling, emporkommen/Emporkömmling
Adjektive u.a. + *-ling*: frisch/Frischling, mehr/Mehrling, vier/Vierling, winzig/Winzling, sonder-/Sonderling, schwach/Schwächling, schön/Schönling, fies/Fiesling, widerlich/Widerling

A12 2. ~~Karrieremann~~ 3. ~~Nichtskönner~~ 4. ~~Aufseher~~ 5. ~~Schwindler~~ 6. ~~Sympathieträger~~

A13 2. vogelwilder 3. pudelwohl 4. hundemüde 5. spinnefeind 6. puterrotem 7. lammfromm 8. mucksmäuschenstill 9. bärenstarke 10. rabenschwarzer

A14 (2) Hüten (3) auftraten (4) stammenden (5) Zaubertricks (6) landete (7) Unterhalter (8) Durchbruch (9) eroberten (10) glamourösen (11) züchtete (12) Markenzeichen (13) legendäre (14) Rahmen (15) ausverkauft (16) vielfach (17) abrupte (18) angefallen (19) glich (20) Schuld (21) offizielle (22) behauptet (23) Umstände (24) starb

A15 2j Bären 3o Hunde 4b Katze 5h Krähe 6a Frosch 7n Schäfchen 8g Mücke, Elefanten 9k Affen 10f Löwen 11i Ross 12e Spatz, Taube 13d Hase 14l Fliege 15m Pudels

B Wetter und Natur

B1 (3) außergewöhnlichen (4) Wetterphänomene (5) stärker (6) länger (7) seltener (8) Unwetter (9) Starkregen (10) Hochwasser (11) Hitzewellen (12) Dürren (13) Orkane (14) Schneefälle (15) außerordentliche (16) Klimaforscher (17) Wetterextreme (18) steigenden (19) Klimawandel (20) vorhandenen (21) verlässliche (22) Prognosen

B2 1. versinken, Fluten, Keller, abgeschaltet werden, Evakuierungen 2. Hitzewelle, gemessen, Trockenheit, verheerenden, Winde 3. Starkregen, heimgesucht, fliehen/flohen, Überflutungen, Toten 4. Wirbelsturm, Wucht, Verwüstung, herrscht, Notunterkünfte

B3 (2) ~~ausgedrückt~~ (3) ~~verwischt~~ (4) ~~Betreiber~~ (5) ~~geläufige~~ (6) ~~bescheidenen~~ (7) ~~Lichterscheinung~~ (8) ~~befolgen~~ (9) ~~vernachlässigbar~~ (10) ~~Gegebenenfalls~~ (11) ~~Naturübeln~~ (12) ~~vergangen~~ (13) ~~speicheln~~ (14) ~~Lavakreise~~ (15) ~~verdickt~~ (16) ~~einfallslos~~ (17) ~~aufkommen~~ (18) ~~treffen~~ (19) ~~Nachtschwärmerei~~ (20) ~~unerhebliche~~ (21) ~~bestreiten~~ (22) ~~partiell~~ (23) ~~halten~~ (24) ~~Fortgang~~ (25) ~~reizlose~~

B4 2f 3i 4a 5c 6e 7d 8b 9h 10g

B5 3. Gestein 4. Geröll 5. Gelände 6. Gefälle 7. Gebüsch, Getier 8. Alpengewächse

B6 1e Tiefe, Tauchparadies 2f Alpenfluss, Wasserkraftwerke 3d Grenzfluss, entspringt, mündet 4c Quelle, Mündung, Bach, Strom, durchfließt 5a Wasserqualität, Trinkwasserspeicher 6b Binnengewässer, Fauna, erstreckt

B7 2e glänzt 3h blendet 4g strahlt 5b scheint 6j glitzert 7c erhellen 8a flimmert 9f schimmert 10i funkeln

B8 2. heller, helle, heller 3. finstere (3x) 4. leuchtende (3x) 5. düsteres, düstere (2x) 6. strahlendes, strahlender, strahlende 7. trübe, trübes, trübe

B9 2d Zweig 3k Feuer 4g Berge 5m Wald, Bäumen 6i Wolken 7a Luft 8b Regen 9c Stern 10h Licht 11j Stein 12o Wind 13e Wasser 14f Himmel 15l Sonne

C Gesundheit und Wohlbefinden

C1 2h sorgsam 3e einfühlsamer 4d behutsam 5f heilsame 6a wundersamen 7i bedeutsam 8b sparsam 9j wirksam 10c duldsam

C2 2l Stress 3j Stress 4f Stresshormone 5a Stresssymptomen 6d Stress 7i stressempfindlich 8e gestresst 9c Stressoren 10k Stressresistenz 11g stressfrei 12b Stressforscher, stressige

C3 2. ~~ablösen~~ 3. ~~entwenden~~ 4. ~~brechen~~ 5. ~~kürzen~~ 6. ~~austauschen~~ 7. ~~gelöst~~ 8. ~~ungezwungen~~

C4 2. Strom 3. Kopf 4. Loch 5. Hals, Arbeit 6. Ohren 7. Luft 8. Nerven 9. Land 10. hinten und vorne

C5 2. Schutzmaßnahmen, ergriffen: S. ergreifen 3. Ausgangssperren, verhängt: A. verhängen 4. Hygieneregeln, umgesetzt: H. umsetzen 5. Sicherheitsabstand einzuhalten: S. einhalten 6. Mundschutz tragen: (einen) M. tragen 7. Quarantäne, gestellt: unter Q. stellen 8. genießen, Herdenimmunität: H. genießen 9. spricht ... aus, Reisewarnungen: R. aussprechen 10. Katastrophenfall, ausgerufen: den K. ausrufen

C6 (2) Neuschöpfung (3) Ursprung (4) wütete (5) hinterließ (6) eingeschleppt wurde (7) einzudämmen (8) Ansteckungen (9) Seemacht (10) Besatzung (11) begeben (12) verweist/verwies (13) Bibel (14) Inkubationszeiten (15) auszuharren/ausgeharrt (16) Schutzmaßnahme (17) durchgängig (18) ungebremst (19) vordringen (20) häusliche (21) medizinischer (22) ausgeweitet werden (23) Seuchen (24) Wahl

C7 2. verstarb/verstirbt 3. miterlebt 4. verlebt 5. durchlebt(e) 6. weggestorben 7. überlebt 8. wiederbelebt werden 9. sterben/starben dahin 10. ausgestorben 11. dich ... einlebst/eingelebt hast 12. aufleben 13. ausleben 14. sind ... abgestorben/starben ... ab 15. zusammengelebt 16. sich auseinandergelebt 17. sterben ... aus

C8 *falsch:* 2. ~~ruhig weggeschlafen.~~ 3. ~~ist seiner schweren Krankheit ausgekommen~~ 4. ~~in den Tod gekommen.~~ 5. ~~sind viele Menschen untergegangen.~~ 6. ~~haben der Seuche nachgegeben.~~ 7. ~~haben im Krieg ihr Leben verlassen.~~ 8. ~~als würde er die Glocke hören.~~ 9. ~~Er hat die Geister besucht.~~ 10. ~~Wir werden alle dichtmachen.~~

C9 (3) Vorreiterrolle (4) Desinfektion (5) Bakteriologe (6) Tuberkuloseerreger (7) Krankheitsüberwachung (8) Prävention (9) Serologe (10) Krebsforschung (11) Immunologie (12) Arzneimittel (13) Diphterie (14) Kinderkrankheit (15) Sterblichkeitsrate (16) Pharmastandort (17) Blutgruppensystems (18) Forschungsarbeiten (19) tödlichen (20) Bluttransfusionen

C10 2k Hand 3o Finger 4m Beine 5b Herzen 6j Mund 7n Haaren 8d Hals 9e Zähne 10a Zunge 11l Magen 12g Nieren 13i Nase 14f Rücken 15h Augen

D Kultur und Freizeit

D1 1d Dichtkunst 2c einheitlich, Leistungen 3e dreidimensionales, Kunstrichtung 4b künstlerische, Epoche 5a Betriebe, handgefertigte

D2 1. erstaunlicherweise 2. kapitelweise, stellenweise 3. streckenweise 4. zufälligerweise, tragischerweise 5. massenweise, möglicherweise 6. zeitweise 7. wahlweise, Bedauerlicherweise 8. Idealerweise

D3 (2) vorstellt (3) beobachtet (4) starrt (5) erspäht (6) bemerkt (7) zuzusehen (8) erblickt (9) erkennt (10) nachzusehen (11) betrachtet (12) überblickt (13) sehen

D4 1. Griechischen, Spannung, Gattung, literarische Werke, Filme 2. Kinematographie, Bewegung, erfunden, Europa, Bezeichnung, Spielfilme – *falsch*: ~~andere Bezeichnung für~~ ... 3. Lateinischen, Sammelbegriff, Literatur, Prosaerzählung, Volkssprache, Französischen, etablierte – *falsch*: ~~aus dem Lateinischen~~ ... 4. lateinischen, französischen, verantwortliche Leitung, Steuer, Absolutismus, Leitungsfunktion – *falsch*: ~~Leitungsfunktion in der Wirtschaft~~ ...

D5 2d farbigen 3j geistigen 4c mündliche 5e verständlich 6g geistliche 7b künstlichen 8a verständig 9f mündige 10i farblich

D6 (2) Narren (3) aufflog (4) Maltalent (5) langweilte (6) unruhige (7) gesellschaftlichen (8) Namen (9) fortan (10) Stil (11) täuschen (12) Kunstfälschungen (13) hochrangige (14) Echtheit (15) imitierte (16) klassischen (17) fälschte (18) enttarnt (19) folgenschwere (20) passender (21) verriet (22) Betrug(s) (23) verurteilt (24) umfassenden (25) vorzeitig (26) diesmal

D7 2. ~~Vorfall~~ 3. ~~Bürde~~ 4. ~~Trägheit~~
b) Lesungen c) Auszeit d) Ausgleich e) Bewegung, Fitness f) Zeitvertreib g) Steckenpferd h) Training, Regeneration, Ruhepausen i) Liebhaberei

D8 2. müßig: Es bringt nichts, ... 3. Müßiggänger: Er ist ein totaler Nichtsnutz. 4. müßige: Das sind überflüssige und sinnlose Fragen. 5. Muße: Ich habe noch keinen ruhigen Moment gefunden, ... 6. Müßiggang: Bewusstes Nichtstun ... 7. Mußezeit(en): ... mehr Zeit zur Entspannung 8. Müßiggang: Faulheit ist der Beginn des Niedergangs.

D9 2i Jahre 3k Stunde 4j Zeit 5g alle 6b kommt 7l reif 8c Gebot 9f gestern 10d Zeichen 11a Puppen 12h halbe 13e Rat

E Arbeit und Digitalisierung

E1 2. bereiten 3. einlegen 4. erstellen, erledigen 5. unternehmen 6. begeht 7. erzielen

E2 2h 3i 4c 5b 6g 7e 8f 9d 10a

E3 2. Ansicht/Ansichtssache 3. Versehen 4. Aufsehen/aufsehenerregend 5. Ansehen/Ansehensverlust 6. Aufsicht/Aufsichtspflicht 7. Übersicht/Übersichtsplan 8. Aussichten/Geschäftsaussichten 9. Nachsehen 10. Zuversicht 11. Einsicht/Akteneinsicht 12. Nachsicht 13. Vorsicht/Vorsichtsmaßnahme 14. Weitsicht

E4 (3) Selbstbestimmung (4) Datenschutzbeauftragte (5) Bundesebene (6) Datenschutzgesetzen (7) digitaler (8) analoger (9) Personenbezug (10) technischen (11) organisatorischen (12) gewährleistet (13) Unbefugte (14) manipulieren (15) kriminelle (16) gestohlenen (17) Datendiebstahl (18) Datenklau (19) illegal (20) Opfer (21) Privatpersonen (22) Kreditkartenbetrug

E5 2. ~~versichert~~ 3. ~~Weiterführung~~ 4. ~~Eingang~~ 5. ~~Erledigung~~

E6 (2) Schadprogramm (3) funktioniert (4) hölzernen (5) besiegelten (6) Untergang (7) Krieg (8) spielt ... an (9) nützliche (10) schädliche (11) ablaufen (12) unbedachtes (13) Malware (14) Zugang (15) Nutzerdaten (16) Computerviren (17) einschleusen (18) identifizieren (19) unüberschaubaren (20) zwangsläufig

E7 2. grenzwertig 3. verantwortungsbewusste 4. altersgerecht 5. realitätsfern 6. leichtfertigem 7. erklärungsbedürftig 8. gesetzeswidrig 9. rechtsfreier 10. benutzerfreundlich 11. kostenpflichtige 12. verbesserungswürdig 13. zukunftsträchtig 14. berufsmäßigem 15. internetfähig 16. betriebsbereit 17. preisgünstig 18. fälschungssicher

E8 *Internet:* Datenübertragung, IP-Adresse, Netzwerk, WLAN *Digitalisierung:* Internet der Dinge, künstliche Intelligenz, Kryptowährungen, Sprachassistenten *Digitale Plattformen:* Lernportale, soziale Netzwerke, Vergleichsportale, (softwarebasierte) Videokonferenzen *Internetkriminalität:* Computerviren, Hackerangriff, Identitätsdiebstahl, Onlinebetrug
1. Datenübertragung 2. Videokonferenzen, Kostenersparnis, Erreichbarkeit 3. Hackerangriffe, Schadenspotential, Sicherheitslücken, Computerviren 4. Algorithmen, künstliche Intelligenz, Sprachassistenten 5. soziale Netzwerke, Werbekanäle, Marketing

E9 1d pflegt, Bloggern, firmenspezifischen 2e Strategien, Sicherung, unterweist 3a Datenschutz, sensible, verschlüsseln 4b zukunftsweisend, fernsteuerbar, Vernetzung 5c Funktionsweise, bespielt, optimiert

E10 2h Straße 3f Eisen 4a ruhige 5k Zielgeraden 6j echtes 7m lange 8c kocht 9l Stück 10e Hände 11b Treppe 12g Vitamin 13i fängt

F Staat und Gesellschaft

F1 1. Rechtsstaat, Gesetze halten, sozialistischer Staatenbund 2. Legislative, Exekutive, Judikative, Prinzip, Demokratie, Machtbegrenzung, Machtmissbrauch, Grundgesetz verankert –

falsch: ~~ist nicht im Grundgesetz~~ ... 3. Staatsoberhaupt, Volk gewählt, repräsentative, völkerrechtliche – *falsch*: ~~wird alle fünf Jahre~~ ... 4. Bundesebene vertreten, Parlamente, Zuständigkeiten, Ausübung, Staatsgewalt – *falsch*: ~~sind nicht auf Bundesebene~~ ... 5. Gesetzgebung, Regierungskontrolle, Volk gewählt, politischen, vertreten – *falsch*: ~~Im Bundestag sind alle politischen~~ ... 6. Bundestagswahlen, Wahlperioden regieren, Bundesministern, Regierung – *falsch*: ~~kann höchstens zwei Wahlperioden~~ ... 7. Länder vertreten, proportional, Einwohnerzahl, Vertreter, neu gewählt – *falsch*: ~~Der Bundesrat wird alle vier Jahre~~ ... 8. unabhängige Richter, Richter, abgelehnt, oberste, Bundesverfassungsgericht, Entscheidungen, bindend – *falsch*: ~~Richter können nicht~~ ...

F2 1f Volkes 2d uneingeschränkte, Macht 3e herrschenden, Reichtum 4b Belange, konsequent 5c rationales, Prinzip 6a starre, hierarchische

F3 1. beständig 2. überkommene, gängiger 3. beträchtliche, zielstrebigen 4. beharrlich, grundlegende 5. vordringliches, ausschlaggebend 6. drastischen, ausreichend 7. ausgedehntes, lebensbedrohlichen

F4 (2) erfahren (3) Behinderung (4) Zugang (5) Teilhabe (6) komplementärer (7) Ausgrenzung (8) Einbeziehen (9) diskriminierter (10) Gesellschaft (11) selbstbestimmter (12) benachteiligt werden (13) formuliert (14) Herkunft (15) gleichermaßen (16) Sonderschulen (17) ausgeschlossen (18) Exklusion (19) separat (20) beschulen (21) Integration (22) angestrebt

F5 2. der Gewerbeschein 3. die Führerscheinkontrolle 4. die Teilnahmebescheinigung 5. der Wertgutschein 6. die Spendenbescheinigung 7. die Entzugserscheinung 8. das Erscheinungsjahr 9. Wahrscheinlichkeitsrechnung 10. der Bühnenscheinwerfer 11. die Sonnenscheindauer 12. die Marienerscheinung

F6 2j schien 3k scheinheilig 4b Scheinfirma 5e (er)schien 6g Anschein 7f unscheinbar 8i scheinbar 9h Vorschein 10l Schein 11c Scheinwelt 12a Scheinehen

F7 2. widerrufen 3. wiederverwertbaren 4. Zuwiderhandlungen 5. Wiederholungstäter 6. wiederaufgerollt 7. widerwärtige 8. Wiedergutmachung 9. Widerstandsgruppen 10. Wiedervereinigung

F8 2. Fach 3. walten 4. Verderb 5. lassen 6. klar 7. klanglos

F9 2e Schritt 3h Not 4l Nacht 5m Trug 6n Sinn 7j Kragen 8b steif 9f nichtig 10a Fug 11g stichfest 12o hoch 13d übel 14c einzig 15i Leib

Teil 2 **Grammatik**

G Verben

G1 (2) hoffe (3) verbringen können (4) werde ... schildern (5) habe (6) beaufsichtigen werde (7) einfordern werde (8) sind (9) werde ... ausführen (10) werde ... versuchen (11) werden ... abgeschlossen haben (12) bleibt (13) zurückkommen (14) werden ... erleben (15) freue

G2 (2) saß ... zusammen (3) tauschte ... aus (4) erntete (5) hast ... abgeholt (6) mussten (7) haben ... gewartet (8) holten ... ab (9) hatten ... gesucht (10) fuhren (11) gefunden hatten (12) gerieten (13) mussten (14) beschrieb (15) prägte (16) erläuterte (17) geschehen war / geschah (18) half (19) war (20) wurden ... eröffnet / sind ... eröffnet worden

G3a (2) ist ... untergegangen (3) gingen ... aus (4) erleben / erleben würden (5) rechnete (6) wurde / werden wird (7) liegt (8) zählt (9) ist ... unterzogen worden (11) war ... ausgelaufen (12) hatten ... gebraucht (13) sollte ... zurücklegen (14) wird vermutet (15) war (16) ließ (17) eingegangen waren (18) weist ... nach / wird ... nachweisen (19) erhöht (20) verhindert hätte (22) überleben wird / überlebt (23) reißt (24) läuft (25) ordnet ... an (26) bricht ... aus (27) ist (28) weiterspielt (29) bezahlen (30) gelassen wird (31) sind (33) herrschte (34) sei (35) könne ... einrichten (36) stellte ... heraus (37) geführt hatte (38) hielt (39) war (41) neigt (42) wird klar (43) sinken wird / sinkt (44) gehen (45) passiert (46) sinkt (47) auseinandergebrochen ist (48) werden ... gerissen (49) einsetzt (50) bringt / brachte (52) konnte ... gezogen werden (53) war ... geblieben (54) angeboten hatte (55) starben (57) gedreht (58) ist (59) kennt (60) passiert sind (61) übersteigen

G3b Präsens: *Gegenwärtiges:* 8, 14, 59 *Zukünftiges (mit Kontext):* 4, (6), (18), (22), (29), (36), (43) *allgemein Gültiges:* 49, 58, 61 *dramatisierendes Präsens:* 21, 23–29, 30, 31, 40–42,44–46, 48, 50 Konjunktiv I: *indirekte Rede:* 34, 35 Präteritum: *schriftliches Erzähltempus der Vergangenheit:* 1, 3, 5, 10, 13, 15, 16, 32, 33, 36, 38, 39, (50), 52, 55–57 Perfekt: *Vorgang reicht aus der Vergangenheit in die Gegenwart:* 9, 60 *Zusammenfassung am Anfang oder Ende eines Textes:* 2, (60) *Vorzeitigkeit gegenüber Präsens:* 47 Plusquamperfekt: *Vorzeitigkeit gegenüber Präteritum / Perfekt:* 11, 12, 17, 37, 51, 53, 54 Konjunktiv II der Vergangenheit: *Nicht realisierte Situation in der Vergangenheit:* 19, 20 Futur I: *Ankündigung, Absicht, Vorhersage (ohne Kontext):* (4), 6, 18, 22, (36), 43

G4a 2. schaffte 3. wandte 4. wendete 5. bewegten 6. bewogen 7. erschreckt 8. erschrocken 9. gesandt 10. gesendet 11. genossen 12. geniest 13. geschert 14. geschoren 15. geklungen 16. geklingelt 17. riet 18. geriet 19. sank 20. senkte 21. gefielen 22. fielen 23. verschwendeten 24. verschwanden 25. wiegte 26. wog

G4b 2. schaffen / schaffte / hat geschafft 3. sich wenden / wandte / hat gewandt 4. sich wenden / wendete / hat gewendet 5. bewegen / bewegte / hat bewegt 6. bewegen / bewog / hat bewogen 7. erschrecken / erschreckte / hat erschreckt 8. erschrecken / erschrak / ist erschrocken 9. senden / sendete / sandte / hat gesandt 10. senden / sendete / hat gesendet 11. genießen / genoss / hat genossen 12. niesen / nieste / hat geniest 13. sich nicht scheren / scherte / hat geschert 14. scheren / schor / hat geschoren
2k 3a 4g 5f 6l 7b 8n 9j 10c 11d 12i 13e 14h
16. klingeln / klingelte / hat geklingelt 17. raten / riet / hat geraten 18. geraten / geriet / ist geraten 19. sinken / sank / ist gesunken 20. senken / senkte / hat gesenkt 21. gefallen / gefiel / hat gefallen 22. fallen / fiel / ist gefallen 23. verschwenden / verschwendete / hat verschwendet 24. verschwinden / verschwand / ist verschwunden 25. wiegen / wiegte / hat gewiegt 26. wiegen / wog / hat gewogen
16z 17x 18r 19s 20w 21y 22p 23u 24q 25o 26t

G5 2. b) 3. g), f) 4. f) 5. c) 6. e) 7. i) 8. a) 9. j) 10. h)

G6 2. vielleicht, keinesfalls: Beispielsweise mag der Rekord im Dauerküssen von über 58 Stunden so stattgefunden haben, von Leidenschaft kann das aber nicht zeugen. 3. Mit Sicherheit: Derartige Rekorde müssen ausschließlich durch den Ehrgeiz motiviert sein, etwas Außergewöhnliches zu leisten. 4. ist es auch denkbar: Allerdings könnte so manch einer Leistung auch ein Talent zugrunde liegen, das ... 5. angeblich: ..., der einen 297 Tonnen schweren Zug fast drei Meter lang mit den Zähnen gezogen haben soll. 6. behauptete von sich: ... So wollte Guerlain-Chicherit mit seinem Mini über eine Rampe mehr als 101 Meter weit fliegen können. 7. heißt es: Glücklicherweise soll er dabei nur leicht verletzt worden sein.

G7 2. Wird hier vom ‚Gärtner' gesprochen, ..., denn oft genug werden die grünen Paradiese von Gärtnerinnen erschaffen und gepflegt. 3. Nach dem Ende der Frostnächte müssen Beete und Rasen von Laub und Ästen gesäubert und den zarten Trieben der ersten Frühlingsblumen alle Hindernisse aus dem Weg geräumt werden. 4. Die Obstbäume waren bereits im Januar zurückgeschnitten worden, ... 5. Alle Böden, die nicht schon im Herbst umgegraben wurden / worden sind, können nun für die Aussaat vorbereitet werden. 6. Der reife Kompost, der schon im Herbst hat umgesetzt werden müssen / umgesetzt werden musste, kann nun in die Erde eingearbeitet werden. 7. Sollen einjährige Sommerpflanzen und Sträucher gesetzt werden, ist ... 8. Es darf auch nicht vergessen werden, dass durch Öl und feines Schleifpapier alle Gartengeräte vom Rost befreit werden können. 9. Nun wurden alle Voraussetzungen für ein gelungenes Gartenjahr erfüllt.

G8 2. Als erste Lebensphase, die schwer bewältigt werden kann, dürfte / muss / kann die Pubertät bezeichnet werden. 3. Doch auch ... müssen bewältigt werden. 4. Dabei kann die Wichtigkeit des Zeitfaktors nicht bestritten werden, denn oft kann ... gefunden werden. 5. Während anfänglich manche Betroffene ... überwältigt werden und ..., wird das Problem von anderen erst einmal verdrängt. 6. Wie den Betroffenen von Psychologen geraten wird, ist die erste große Herausforderung, dass der Verlust ... akzeptiert wird. 7. Negative Gedanken müssen verabschiedet und die Vergangenheit abgeschlossen werden, dann kann der Schmerz ertragen werden. 8. Nun müssen die Augen dafür geöffnet werden, was einem vom Leben Neues angeboten wird.

G9 (2) des Andrangs (3) jeglichen Kommentars (4) ihres Amtes (5) seines Platzes (6) des Verbrechens (7) der Berichterstattung (8) des Opfers (9) einer gewissen Popularität (10) der Lüge (11) der Parteilichkeit (12) ihrer Tränen (13) eines Verbrechens (14) seiner Freiheit (15) der Festsetzung (16) des Randalierers (17) solcher rigorosen Mittel (18) eines Besseren

H Adjektive

H1 (2) scharfsinniger (3) menschlichen (4) etliche kluge (5) schwer fassbaren (6) verführerischsten (7) wohlmeinenden (8) bemühten (9) fürsorglichen (10) möglich (11) anvertrauten (12) glücklichen (13) persönlicher (14) unterschiedlichen (15) langandauernden zufriedenen, jeglichen, freien (16) momentane (17) himmelhochjauchzender (18) ruhigen, friedlichen (19) eintretende positive (20) glücklich (21) herabstürzende (22) ahnungslosen (23) erschreckten, verwirrten, beseligten seelischen (24) Zahlreiche weltweite (25) glücklichsten (26) gelegtem (27) unterschiedlichste (28) hohes (29) geringeren (30) gewissen (31) beglückende (32) signifikanter

(33) widersprüchlicher (34) jeglicher (35) materielle (36) stabile gefühlvolle (37) völlige (38) selbstbestimmtes (39) leidenschaftliche (40) bestimmtes (41) gleichmütigen inneren (42) mehr (43) sicherlich berechtigten (44) subjektiven (45) genetischen, kulturellen

H2 2a 3a 4b 5a 6a 7a 8b 9b 10a 11a

H3 2. Dieser dumme Fehler ist meinem kleinen Sohn sehr peinlich. 3. Die Hausordnung ist mir seit meinem Einzug in diese Wohnung bekannt. 4. Du bist mir in Diskussionen immer überlegen. 5. Die ständigen Anrufe bei der Arbeit sind mir sehr lästig. 6. Rücksichtsloses Verhalten ist mir zuwider. 7. Aber nein, du bist mir nichts schuldig. 8. Es ist mir recht, das Meeting um eine Woche zu verschieben. 9. Es wäre schön, wenn du mir ... ein wenig behilflich sein könntest. 10. Reflexe und emotionale Mimik sind dem Menschen angeboren. 11. In den ersten Monaten im Ausland sind einem in der Regel die neue Umgebung und die Menschen noch fremd.

H4 2. Die Wirtschaftskrise kann dem geplanten Start-up gefährlich werden. 3. Das aktuelle Smartphone-Modell ist dem Vorgängermodell zu ähnlich. 4. Sie ist den ständigen Ärger leid und reicht die Kündigung ein. 5. Er bleibt seiner Überzeugung treu und verzichtet auf die Beförderung. 6. Wer die alten Arbeitsabläufe gewohnt ist, der kann sich nur schwer umstellen. 7. Durch die traditionelle Organisationsstruktur ist das Unternehmen der Konkurrenz nicht gewachsen. 8. Die Probleme der weiblichen Beschäftigten mit der schweren Vereinbarkeit von Beruf und Familie sind der Unternehmensleitung gleichgültig. 9. Die Entwicklung der neuen Produktpalette ist die Anstrengung wert.

H5 2. Der Angeklagte ist sich seines Fehlers bewusst. 3. ... war sich der Zeuge seiner Beobachtungen nicht mehr sicher. 4. ... ist die Angeklagte keinesfalls zu so einer Tat fähig. 5. ... ist der Jugendliche besonderer Zuwendung bedürftig. 6. ..., da der Zeuge der Verhandlungssprache nicht mächtig ist. 7. Der Verteidiger ist sich der großen Wirkung seines Plädoyers gewiss. 8. ..., da der Tote erwiesenermaßen schon länger seines Lebens überdrüssig war. 9. Das Urteil wurde als eines Rechtsstaats nicht würdig kritisiert.

H6 (2) allen Erziehern (3) sämtlichen Ansätzen (4) den Schülern (5) des Begriffs (6) seiner selbst und seines Verhältnisses (7) das Gehorchen (8) denen (9) denen (10) ihrer selbst (11) der Anwendung (12) ihren Lehrern (13) die Mühe (14) der ganzheitlichen Erziehung (15) den unterschiedlichsten Überzeugungen (16) den übrigen Ansätzen

I Präpositionale Ergänzungen

I1 2. von der 3. auf eine 4. zu der 5. bei 6. auf 7. an 8. auf 9. nach dem 10. auf dieses eine 11. auf den 12. über 13. in 14. von 15. unter 16. von 17. aus 18. darauf 19. in 20. unter 21. an 22. an 23. auf

I2 2. In ihrer Wahlkampagne hatten sie hart gegen die Regierungspartei gekämpft. 3. Bis zuletzt zweifelte der Vorsitzende der Oppositionspartei daran, dass sie diese Wahl gewinnen könnten. / Bis zuletzt zweifelte der Vorsitzende der Oppositionspartei ... am Sieg seiner Partei. 4. ..., dass der Präsident über seine ehemalige Mitgliedschaft in einer radikalen Vereinigung geschwiegen hatte. 5. Diese Vorwürfe lasteten schwer auf ihm. 6. ... und um weiteres Vertrauen seiner Wählerschaft bat, ... 7. Die Oppositionspartei hatte eigentlich nicht darauf gehofft, dass ... / Die Oppositionspartei hatte nicht auf einen Wahlsieg durch diese Entwicklung gehofft. 8. Doch viele Wähler zweifelten nun nicht mehr daran, dass der Präsident ... 9. Er herrschte bereits jetzt über die wichtigsten Medienkonzerne im Land.

I3 *zu:* drängen, gelangen *für:* schwärmen, eintreten, sich begeistern *auf (+Dat.):* beharren, beruhen, aufbauen *auf (+Akk.):* folgen, wirken, sich beschränken *von:* abhalten, fordern, leben *vor:* verbergen, sich hüten, fliehen *an:* arbeiten, sich anpassen, ändern *nach:* sich richten, sich umsehen, verlangen *über:* urteilen, herrschen, verfügen *mit:* zu tun haben, vertauschen, sich befassen *in:* sich vertiefen, unterrichten, sich einmischen *aus:* bestehen, entstehen, hervorgehen

I4 2. für j) 3. zu f) 4. in a) 5. von c) 6. bei g) 7. mit d) 8. auf h) 9. an b) 10. nach e) 11. über k)

I5 (2) zu (3) an (4) zu (5) an (6) auf (7) nach (8) in (9) auf (10) aus (11) über (12) auf (13) auf (14) zu (15) von (16) von (17) in (18) in (19) über (20) über (21) davon (22) an (23) bei (24) in (25) an (26) für (27) an (28) dazu (29) vom

J Satz und Stil

J1 2. Die Bereitschaft der Gesellschaft zu Veränderungen ... 3. Die Akzeptanz konsequenter Umweltschutzmaßnahmen durch die Mehrheit der Menschen ... 4. Die Untersuchung einer Studie zur Schaffung neuer Arbeitsplätze ... 5. Der Schutz von Lebensräumen als zentrales Ziel ... 6. Die Stärkung regionaler Wirtschaftskreisläufe ... 7. Die Zunahme der Stimmen für Klima- und Naturschutz ... 8. Das bislang häufige Versagen der Verkehrspolitik der Länder ... 9. Die weltweite

Zunahme von Waldbränden ... 10. Das Überdenken und Hinterfragen vieler Bereiche des öffentlichen Lebens heutzutage ...

J2 2. Die Notwendigkeit der Entwicklung alternativer Wege zu wirtschaften zieht ein Hinterfragen traditioneller Wirtschaftssysteme nach sich. 3. Der Wunsch von immer mehr jungen Menschen nach einer nicht nur auf Konsum gegründeten Gesellschaft findet zum Beispiel seinen Ausdruck in den verschiedenen Sharing-Bewegungen. 4. Die notwendige Veränderung auch in den kleinsten Lebensbereichen durch jeden Einzelnen würde entgegen der Annahme einiger Pessimisten nicht nur einen Tropfen auf dem heißen Stein bedeuten. 5. Die Genehmigung für Kommunen zur klimafreundlichen Sanierung öffentlicher Gebäude mit Staatsgeldern sollte von den Regierungen gefordert werden.

J3 2. In solch einem Kinetoskop konnte eine Person zur Betrachtung eines kurzen Films Platz nehmen. 3. Mit der Einrichtung eines eigenen Raumes für derartige Vorführungen 1895 im ‚Grand Café' in Paris durch die Gebrüder Lumière nahm die Geschichte des Kinos ihren Anfang. 4. Trotz der anfänglichen Länge der gezeigten Filme von nur etwa einer Minute genügte der Reiz ... 5. Nach dem Fortschreiten der Technik entwickelten sich allmählich ... 6. Statt der Wanderschaft mit Projektor und Film von Ort zu Ort richteten die ... 7. Infolge des starken Wachstums der gesamten Filmproduktion entwickelten sich immer mehr Genres und wurden die ersten Filmstars gefeiert. 8. Aufgrund / Wegen der zunehmenden Anerkennung des Films als eigene Kunstform wurden ... 9. Zur Vermittlung der allmählich komplexer werdenden Handlungsstränge der Stummfilme an das Publikum gab es zuerst ... 10. Nach dem Scheitern mehrerer Versuche, ..., gelang es ... 11. Doch vor der Entstehung der ersten Farbfilme sollten noch einige Jahre vergehen. 12. Trotz des immensen Erfolgs der Kinos über einige Jahrzehnte sanken ... 13. Wegen / Aufgrund des Fehlens der Besucher wurden große Säle in mehrere kleine aufgeteilt. 14. Seit der Existenz der 3D-Filme kam es ... 15. Trotz des starken Rückgangs des Interesses der Massen hat sich der Markt ...

J4 b) Sie versuchte es wegen ihrer noch nicht korrekten Kleidung zu ignorieren. c) Nach mehrmaligem Klingeln ging sie jedoch zur Haustür. d) Aufgrund des zwielichtigen Aussehens der vor ihrer Haustür befindlichen männlichen Person war sie sich des Ernstes ihrer Lage sofort bewusst. e) Nach dem Versuch sich durch Vorzeigen eines Ausweises als Angestellter der hiesigen Stromwerke auszugeben, verlangte er Zugang zum Stromzähler. f) Eine einwöchige Überprüfung des Stromverbrauchs habe eine fehlende Zählung beim Stromwerk ergeben. g) Bei der jetzigen Kontrolle des Zählers könne er über einen aufgrund seines hohen Alters baldigen Austausch entscheiden. h) Durch Vortäuschung starker, den Gang in den Keller verhindernder Beinschmerzen erbat sie ein Klingeln bei dem zu ständiger Hilfe gern bereiten Nachbarn. i) Die darauffolgende nervöse Reaktion des Mannes führte zu seinem Verschwinden. Er gab vor, infolge des derzeit so starken Verkehrs auf der Straße sein Auto umparken zu müssen.

J5 2. Da Texte, die zu viel Nominalstil verwenden, oft unverständlich sind, ernten sie Kritik und werden ob ihrer Sinnhaftigkeit in Frage gestellt. 3. Deutschlernende / Personen, die Deutsch lernen, müssen den Nominalstil beherrschen, um Texte von Behörden besser verstehen zu können. 4. Beispielhafte Sätze werden angeführt, damit Deutschlernende besser mit dem Nominalstil umgehen lernen. 5. Personen, die berechtigt sind, Sozialhilfe zu beziehen, können sie sofort in Anspruch nehmen. 6. Der Veranstalter bittet darum, sofort benachrichtigt zu werden, wenn Gäste verhindert sind. 7. Wenn der Vorgeladene / die Person, die vorgeladen wurde, ausbleibt, wird das Gericht ihn / sie mit den Kosten belasten, die er / sie verursacht hat.

J6 2. Da betritt er die Bühne, wobei er von jubelndem Beifall begrüßt wird. 3. Er nimmt Platz, sitzt fast abwesend da, wobei er den Blick in die Ferne richtet, als der Dirigent ... 4. Präzise einsetzend lassen die Musiker den vollen Klang ... 5. Nach den einleitenden Akkorden stimmt der Solist, wobei er kraftvoll den Bogen führt, seinen ersten Solopart an. 6. Der Solist zeigt sein ganzes Können, in der Melodiegestaltung seine interpretatorischen Freiheiten auskostend. 7. Solist, Dirigent und Orchester, die gleichsam in gemeinsamer Sprache vereint sind, lassen ... 8. Die Musiker, von frenetischem Applaus belohnt, verneigen sich ... 9. Auch die Zuhörer, die von diesem außergewöhnlichen Klangerlebnis beglückt sind, kehren ... 10. Das Cellokonzert von Edouard Laló, 1876 entstanden und ein Jahr später uraufgeführt, zählt ...

J7 2. Die große Buche im Garten, fein überzogen mit silbrigem Raureif (I), der schon vom nahenden Winter kündete (II), erstrahlte so hell vor der aufgehenden Sonne, dass Lena geblendet ihren Blick abwandte (I).
3. Ehrlich gesagt sind die Werbeeinspielungen, die sich auf jeder Internetseite öffnen (I), eine Zumutung, da sie ständig die Konzentration stören (I), auch wenn man sie nur zur Kenntnis nimmt (II),

um sie wegzuklicken (III). 4. Er spürte genau, dass diese Begegnung (I), obschon auf den ersten Blick nebensächlicher Natur (II), folgenschwer sein könnte (I+), wenn es ihm (II), auch wenn er die übliche Unsicherheit empfand (III), gelingen könnte (II+), sich einzugestehen (III), wie sehr diese Frau ihn beeindruckt hatte (IV). 5. Einem die Verdauung stimulierenden Schnaps, der vor dem üppigen Menü angeboten wird (I), sollte der Gast nicht ablehnend gegenüberstehen, um die Einladung in guter Erinnerung zu behalten (I), da die weiteren Gänge (I), die über den ganzen Abend verteilt gereicht werden (II), für den Magen (I+), wenn auch in kulinarischer Hinsicht einzigartig (II), durchaus als Herausforderung gesehen werden können (I+).

J8 Ein reiner Zufall war es / der zu der Entdeckung einer Substanz geführt hat / bei der es sich um eine der bedeutendsten der gesamten Medizingeschichte handeln sollte. Alexander Fleming / geboren 1881 in einem kleinen schottischen Dorf / hatte vor seinem Urlaub vergessen / alle Petrischalen / in denen er Bakterien gezüchtet hatte / zu reinigen. Bei seiner Rückkehr ins Labor entdeckte er / dass sich ein Schimmelpilz gebildet hatte und in dessen Umgebung keine Bakterien mehr zu entdecken waren. Den bakterientötenden Stoff nannte er Penicillin und beschrieb ihn und seine Wirkkraft erstmals 1929 in einer medizinischen Fachzeitschrift / wenngleich er nicht der erste Wissenschaftler war / dem ein Zusammenhang zwischen Schimmelpilzen und Bakterienwachstum aufgefallen war / wie sich später herausstellte. Erstaunlicherweise fand diese Entdeckung in der Fachwelt immer noch wenig Resonanz / weshalb der Stoff noch nicht als Medikament eingesetzt wurde / was erst zehn Jahre später in ersten klinischen Tests / durchgeführt von Howard W. Florey und Ernst B. Chain / erfolgte. Nachdem in den USA die Forschung weiter vorangetrieben wurde / konnte Penicillin dort bald in großem Maße produziert werden und kam im Zweiten Weltkrieg bei den Verwundeten der Alliierten zum Einsatz. Den Nobelpreis für diese bahnbrechende Entdeckung / die unzählige Menschenleben rettete / erhielten 1945 Fleming / Chain und Florey zusammen. Deutschland / lange Zeit auf die Weiterentwicklung von Sulfonamiden angewiesen / konnte Penicillin bis 1949 nur importieren / bis auch hier eine eigene Produktion begann. Bei der Rede anlässlich der Verleihung des Nobelpreises betonte Fleming jedoch / wie wichtig eine konsequente / langandauernde und gezielte Behandlung sei / um nicht Resistenzen zu begünstigen / was sich leider als wahr herausgestellt hat / da resistente Bakterien eines der drängendsten Probleme der heutigen Medizin sind / ungeachtet der großen Menge an verschiedensten Antibiotika.

J9 2. ... zu den angeblich gesundheitsschädigenden Wirkungen bestimmter Nahrungsmittel häufen sich. 3. ..., dass sie sich eigentlich sogar widersprechen. 4. ..., dass häufiger Kaffeegenuss bestimmt positive Auswirkungen aufs Herz habe. 5. ... dem Kaffee als Nervengift eine grundsätzlich schädliche / grundsätzlich eine schädliche Wirkung. 6. Zum tieferen Verständnis einer Studie ist es gewiss hilfreich, sich ... 7. Wissenschaftliche Interessen haben bekanntlich häufig einen höheren Stellenwert als wissenschaftliche Erkenntnis. 8. Nach Bartens ist es jedenfalls am wichtigsten, ... 9. ..., dass im Prinzip die Nahrungsmittel am gesündesten sind, die ...

J10 2. Kaffee kann die Haut nicht vor Zellschäden schützen. 3. Nahrungsergänzungsmittel können nicht / keine Vitamine und Mineralien ersetzen, die ... 4. Die gesundheitsförderliche Wirkung mäßigen Rotweingenusses ist nicht eindeutig bewiesen. 5. Der in Obst enthaltene Fruchtzucker verursacht nicht / keine Erhöhung des Blutdrucks. 6. Fette sind als Energielieferanten nicht unabdingbar notwendig für den Körper. 7. Fette gelten nicht als Verursacher von Übergewicht und Herzkrankheiten.

K Satzzusammenhänge

K1 2. Wenn 3. Seitdem 4. Bis dahin 5. Nachdem

K2 (2) bis dahin (3) Zugleich / Gleichzeitig (4) vor (5) Nachdem (6) während (7) bis (8) wann immer (9) gleichzeitig / zugleich (10) Danach (11) bei jedem (12) sooft (13) bevor

K3 2. Es wurde angekündigt, dass es zu strengeren Maßnahmen kommen werde, sofern die Regeln wiederholt missachtet würden. 3. Bei Einbußen im Wirtschaftswachstum müssen die Notenbanken unterstützend eingreifen. 4. Mit Verstärkung der Tendenz einer zunehmenden Konzentration auf wenige mächtige Unternehmen in der Wirtschaft in Krisenzeiten würde sich die Verteilung der Einkommen immer ungleicher entwickeln. 5. Vorausgesetzt, dass die Wirtschaftskrise länger anhält, werden die Existenzbedingungen für kleinere Unternehmen immer schwieriger.

K4 (2) zumal (3) aufgrund (4) eben (5) Deshalb (6) nämlich (7) kraft (8) weil / da (9) dank (10) aus diesem Grund (11) Da / Weil (12) mangels (13) angesichts

K5 2. vor 3. vor 4. Aus 5. aus 6. Aus 7. vor 8. Vor 9. aus 10. aus 11. vor 12. Aus

K6 2. Trotz des Mangels an Transportnetzen werden die erneuerbaren Energien massiv ausgebaut. /

Die erneuerbaren Energien werden massiv ausgebaut, auch wenn es noch nicht genug Transportnetze gibt. 3. Der Ausbau der Windenergie als kostengünstigster Energielieferant ist wesentlich, allerdings müssen bestimmte Gebiete aus Naturschutzgründen ausgeschlossen werden. / Ungeachtet des notwendigen Ausschlusses bestimmter Gebiete aus Naturschutzgründen ist der Ausbau der Windenergie als kostengünstigster Energielieferant wesentlich. 4. Zwar sind gerade seltene Vogelarten durch Kollisionen mit den Rotorblättern gefährdet, aber dennoch unterstützen Naturschutzorganisationen Windkraft als Energielieferanten. / Auch bei Gefährdung gerade seltener Vogelarten durch Kollisionen mit den Rotorblättern unterstützen Naturschutzorganisationen Windkraft als Energielieferanten. 5. Obgleich Deutschland viele Milliarden in die Energiewende investiert, werden bislang die nationalen Klimaziele zur Senkung der Treibhausgasemission verfehlt. / Selbst bei der Investition vieler Milliarden in die Energiewende verfehlt Deutschland bislang die nationalen Klimaziele zur Senkung der Treibhausgasemission. 6. Ungeachtet der Tatsache, dass die großen Energiekonzerne gegen die Unabhängigkeit von fossilen Energieträgern kämpfen, gilt das Ziel, dass bis 2050 der gesamte Strombedarf in Deutschland mit umweltfreundlichen Energien gedeckt werden soll. / Bei all dem Kampf großer Energiekonzerne gegen die Unabhängigkeit von fossilen Energieträgern gilt das Ziel, dass bis 2050 der gesamte Strombedarf in Deutschland mit umweltfreundlichen Energien gedeckt werden soll. 7. Wenn auch die Kosten für eine Photovoltaikanlage für ein Einfamilienhaus bei ein paar tausend Euro liegen, haben sich diese Kosten nach etwa zehn Jahren amortisiert. / Die Kosten für eine Photovoltaikanlage für ein Einfamilienhaus liegen bei ein paar tausend Euro, dennoch haben sie sich nach etwa zehn Jahren amortisiert.

K7 2. Die Annehmlichkeiten großstädtischen Lebens, die Verbesserung des öffentlichen Nahverkehrs und innerstädtische Erholungsgebiete machen Großstädte lebenswert, sodass sich zahlreiche Menschen kein anderes Leben mehr vorstellen können. 3. Die sogenannten ‚Bildungswanderer', also meist junge Menschen mit dem Ziel Ausbildung oder Studium, ziehen in die Städte, und demzufolge wächst hauptsächlich die Anzahl an Singlehaushalten. 4. Das Angebot an Wohnraum bleibt jedoch hinter der Nachfrage weit zurück, infolgedessen steigen die Mietpreise ins Unermessliche. 5. Folglich wird bezahlbarer und sozial verträglicher Wohnraum besonders für einkommensschwache Familien und Alleinerziehende knapp.

K8 (2) dafür (3) zur (4) um ... zu (5) zum Zwecke (6) Für (7) um ... willen (8) Dafür (9) um ... zu (10) Damit (11) für

K9 2. Je nachdem, ob Europa kulturell, politisch, geologisch oder ökonomisch betrachtet wird, kommt es jeweils zu unterschiedlichen Definitionen. / Bei kultureller, politischer, ... Betrachtung Europas kommt es jeweils zu unterschiedlichen Definitionen. 3. Unter Zuhilfenahme des positiven Wanderungssaldos ergibt sich ein Bevölkerungswachstum trotz ... / Damit sich ein Bevölkerungswachstum trotz ... ergibt, muss man das positive Wanderungssaldo einrechnen. / Ohne das positive Wanderungssaldo einzurechnen, ergibt sich trotz des Bevölkerungswachstums eine rückläufige natürliche Bevölkerungsentwicklung. 4. Je mehr Sozialleistungen in manchen Mitgliedsländern gezahlt werden, umso eher gelingt es, die Armutsgefährdungsquote zu senken. / Indem in manchen Mitgliedsländern hohe Sozialleistungen gezahlt werden, gelingt es, die ... zu senken. / Durch die Zahlung hoher Sozialleistungen in manchen Mitgliedsländern gelingt es, die Armutsgefährdungsquote zu senken.

K10 (2) Von den Beschäftigten wird selbst bei schwerwiegenden psychischen und physischen Konsequenzen ein hohes Maß an Flexibilität erwartet. (3) Die Beeinträchtigungen der gesamten Lebensplanung werden mit zunehmenden Distanzen, die dabei überwunden werden, größer. (4) Der IT-Spezialist aus Indien, der sich in den USA bewirbt, um Karriere zu machen, gibt sein gesamtes Lebensumfeld auf, der Niederbayer, der täglich nach München pendelt, weil / da die Arbeitsstelle dort besser bezahlt ist, verbringt drei Stunden des Tages im Zug. (5) Gemeinsam ist beiden, dass es zu einer Lockerung der sozialen Bindungen bis hin zur Vereinsamung kommt, da / weil sich eine feste örtliche Bindung auflöst. (6) Auf diese Weise entwickelt sich der Begriff Heimat hin zu einem Gefühl der Verbundenheit mit bestimmten Menschen.